Confucius | Prof. MOU Tsung San | Immanuel Kant | John Stuart Mill | David Chalmers
Bertrand Russell | Platonism | Friedrich Wilhelm Nietzsche | Hannah Arendt | G. Simondon

給哲學家的分手信

哲學新媒體————著

【導讀】

分手快樂：離開不是放棄，而是為了成為更好的彼此——開創「分手信思辨法」的哲學隱喻新高度

國立臺灣師範大學國文學系助理教授　曾暐傑

都跟你說了放手　不要再當什麼精神上的解脫

都跟你說了放手　我不再是你的玩偶

　　這是千禧世代的男團偶像團體 Energy 經典曲〈放手〉的兩段歌詞，也是在閱讀哲學新媒體這本《給哲學家的分手信》時，腦中不斷浮現的旋律──哲學新媒體的哲青和那些年他們一起追的哲學家勇敢說分手，一如當初瘋狂迷戀 Energy 的少年少女們，現在大概都已經和當年的偶像男神分手一般──無論是青春偶像或哲學家，一旦無法成爲生命主體精神上的解脫與療癒，那就只能選擇分手，否則便淪爲哲學的玩偶與禁臠。

　　要與一個熟悉的對象，尤其是一直以來寄託與依靠的對象分開並不容易──無論是精神或是肉身，那都是讓人痛得不要不要的刻骨銘心，如果這樣的分手沒有帶著苦悶與不捨，那麼或許你沒有眞正愛過。但分手並不意味著什麼都沒有，正是因爲「深刻地愛過」，才會在「很久很久以後／終於找到心的出口」（李千娜〈不曾回來過〉）──分手，是因爲曾經愛過；痛苦，是因爲曾經快樂過；遺忘，是因爲曾經記得過。

　　如果你曾經經歷刻骨銘心的分手，那會是一種生命的昇華與提升，更是一種自我的成長，那你會懂得哲學新媒體的哲青們所面臨的是多麼痛的領悟。想想魯蛇吧──那些靠實力單身的魯蛇，這些母胎單身的魯蛇，連說分手的機會都沒有呢！如果你剛好也是魯蛇，我很抱歉；那你可以在無分手的現實中透過閱讀哲

青的分手信，提升自己生命的高度與能量，那在未來——你就會成為一個充滿能量的魯蛇——喔！沒有這麼悲觀啦！你或許可以從他者的分手信，不必經歷親自分手的痛徹心扉，就懂得怎麼去愛，在不久的將來走進幸福之中。

分手的哲學：是「揚棄」不是「拋棄」，寧可一個人的狂歡也不要兩個人孤單

就像辛曉琪〈領悟〉所唱的：「我們的愛若是錯誤／願你我沒有白白受苦／若曾真心真意付出／就應該滿足。」沒有任何一段關係是沒有意義的，只要曾經愛過，就會留下些什麼。可以說愛錯，所以我知道我真正要的是什麼；可以說愛錯，所以我了解我生命的核心在哪裡——但愛錯不是一種「錯誤」，而是一種生命中的試煉。在熱戀中說愛的每一個當下，都是永恆；在熱戀中說愛你一萬年的當下，每個戀人都是如此真心認為，在熱戀中不會有「錯誤」，「錯誤」只是在分手後、在愛情的昇華後對於這段感情的一個註記——一段被註記為「錯誤」的愛情，對我們而言或許反而是生命中的美好。

如果我們不斷像李心潔〈愛錯〉中所不斷喃喃：「輸了你的承諾／輸了你的曾經／說過要一直愛我」，那麼我們將永遠在感情與感情間臣服於創傷與過去，而找不到力量和永恆。愛情，是一個人的孤單變為兩個人的狂歡；分手，是二個人的孤單變為一

個人的狂歡——再遇見愛情之前，我是一個人；在分手之後，我還是一個人，但分手後的一個人與遇見愛情前的一個人，意義與內涵完全不一樣了。分手後的一個人，那二個人的關係中的另一人，已然成為你生命經驗與心靈的一部分，這個部分將成為作為完型 (Gestle) 自我的一部分——在未來的人生中成為一種原型、一種陰影、一種驅力。

也就是說，愛會消失，但愛的經驗以及在愛情中的另一人則永遠不會消逝——這是愛的質量守恆定律——愛的能量只會移轉與潛抑，在我們的生命中以另一種形式存在，就像 56 不能亡也不會亡一樣。愛情如斯，哲學亦如是：愛情中的分手就如同哲學中的揚棄 (Aufheben)——亦即德國哲學家黑格爾 (G.W.F. Hegel) 所稱之為不再存在與更高層次的整合之概念。

所謂的揚棄並不是單純地放棄或丟掉，而是在原有的概念與信念的檢討與批判中，導向一個更高層次的整合體。就像愛情的流動並不只是「下一位」這麼簡單，過往的一切經驗與感受，都會成為永恆的印記伴隨著接下來的生命歷程並帶進下一段關係之中。可以說，在一段關係的開展後，便形成我的泥中有你，你的泥中有我的複合性主體；即便最終我與你分開了，我之中的你也永遠不會消逝——成為下一段關係的能量或陰影。

分手的旅程：在一段屬於彼此的英雄之旅中尋求愛的迫降

在人格的發展中，我們就是透過正 (Thesis)、反 (Antithesis)、合 (Synthesis) 不斷地揚棄過程中整合出更高層次的自我：(1) 從肯定與信服某一哲學信念或知識系統去完善自我（我的靈魂二十一公克／因爲你而完整了／完美了）；(2) 進而在這個過程中將信仰某一理念的自我作爲客體進行批判，然後能夠在批判之中重新整合出一套新的信念與信仰（我帥到分手／安全感不夠／你選擇向錢走）；(3) 最後在原有的信念與批判中整合出一新的思維模式並建構出更高層次的自我（謝謝妳的成全／成全了你的瀟灑與冒險／成全了我的碧海藍天）——哲學思辨中的自我整合與愛情的追求，不就是如此一模模一樣樣嗎？[1]

一段愛情的醞釀與開展，以及一段自我的追尋與建構，都必然經歷了神話學大師坎伯 (Joseph Campbell) 所謂的英雄旅程 (Hero's journey)：啓程、啓蒙與歸返——當然這並不意味著所有的自我與愛情都必然走向分手，分手是一種理型的追求、是一種象徵與隱喻；我們可以在感情中和造成衝突的關鍵分手，進而在感情中回歸——能夠在愛情中分手，就不用走向眞正的分手；但卻也應該在該分手的時候勇敢分手。

分手需要的是愛與勇氣，在不適合的彼此、不同的理型中強行進行無法整合的整合或強迫彼此放棄原來的自我，努力地撐

著，那或許比分手還要殘酷吧！正如〈無言的結局〉歌詞中說的：「分手時候說分手／請不要說難忘記」——多少紅男綠女因為一時的不甘心，勉強去維繫一段感情，反而讓兩個主體因彼此而破碎。

同樣的，世界上很多主體長期接受黨國教育或是長久信仰宗教導師，他們固著地很難改變，即便他們心中有所不安或疑惑；但是他們會認為假使我與過去的信念與信仰分手，不就承認了我的大半生都是錯誤且沒有意義的人生嗎？其實一點也不！分手，正是透過過去的歷程看見了真正的自己；沒有過去這段非錯誤的錯誤，就沒有真正的自我實現之可能——分手很難很痛，卻是綻放新生命之必要；愛情如是、自我的建構亦如是。

哲學的分手：在「感謝他者」中重建那帥到分手的自我

無論如何我們必須掌握教育學者李特 (Th. Litt) 指出的一個重點：揚棄的關鍵在於「反省」——分手是為了成就更完美的彼此而非仇恨。就像這本《與哲學家的分手信》的哲青們，是他們最深沉也最真實的體悟與實踐，他們和孔子、和牟宗三分手；與柏拉圖、與尼采、與康德分手；同漢娜鄂蘭、同彌爾、同羅素、同西蒙東分手，並不是為了黑他們；相反地，正是因為這群哲青們曾經如此深愛與信服這些哲學家的理論，所以在批判中開展更契合自我心靈以及當代思維型態的思想典範——是為了追求更具

主體性的東方哲學思維、是爲了追尋更自由正義的政治實踐場域、是爲了探究更多元整全的知識系統。

　　如果沒有這些哲學家的理論，也就沒有這十一篇充滿血淚的分手信，也就沒有這群哲青所建構與渴望的更高層次的哲學典範與自我人格革新的可能——一如沈清松教授所說的：那些璀璨的思想家之學說建構，都可以說是在「感謝他者」中所生發——荀子雖然不認同孟子，但如果沒有孟子，中國哲學中就沒有在道德典範之外如此深刻挖掘幽暗意識的人性論述；韓非曾經從學於荀子，但假使他沒有和荀子分手，我們的文化就沒有道德教化之外以利益與賞罰爲核心的政治理論；榮格受佛洛依德啓發甚深，但如果榮格沒有和佛洛伊德分手，心理學理論便沒有超越性驅力與個人無意識的集體無意識之宏觀論述。

　　但如戰國時期名將樂毅所說：「君子絕交，不出惡聲。」分手應該是一種愛的型式轉化，應該是在期待更好的彼此中實踐；分手應該是在以反省爲核心中體現之愛的昇華，這過程中有著「溫柔之必要／肯定之必要」（瘂弦〈如歌的行板〉）——如果我們無法在肯定對方中分手，這或許就不是一個具有超越性意義與帶來生命成長的揚棄、而是單純的拋棄。所以在讀哲青的分手信時不要期待看到分手擂臺中的爆裂情侶，他們都很好地演繹了李聖傑〈手放開〉：「我給你最後的疼愛是手放開……把愛收進胸前左邊口袋」以及劉若英：「很愛很愛你／所以願意／不牽絆你／飛向幸福的地方去」那般分手的智慧與氣度。

分手式療癒：用「否證論」的證偽模式轉化帥到分手的關係缺陷

　　或許我們從來沒有真正了解愛到底是什麼，我們也從來不知道我們要的是什麼，我們都在愛情中才了解愛情的本質、也在哲思的辯證中才理解自我的價值。在知識與愛情的追尋中，培根 (F. Bacon) 以降強調的歸納法 (induction) 或許並不能成立——我無法正面完整定義一個我所期待好的情人應該有什麼特質，但是我卻能夠表述出我所認為情人不應該有哪些特質——諸如喜歡多人運動、是個時間管理大師、每次都不接電話讓人沒有安全感等等；每多列出一個否定的特質，我們就越接近完美情人的定義。

　　是以，「分手信式」的思考模式，便可說類似於卡爾・波普爾 (Karl Popper) 所謂的否證論 (Falsifikationismus) ——在實驗中證偽的模式。我們都是在愛情中學會愛情、我們都是在當了父母才學會如何做父母，這可以說是一種否證論的實踐。如果要我們明確說出完美的人格特質或是自我實踐的關鍵是什麼或許並不那麼容易，但至少我們可以先逐步說出哪些是我不喜歡的特質；我不知我未來想要做什麼，但我可以從我不想要做什麼開始探索自我，相對來說這比從正面表述來得踏實且更有定向感。

　　我們可以把分手信當作一段自我探索與療癒的過程，雖然沒有人談戀愛是為了分手、沒有人閱讀單純是為了批評與黑特（當

然，酸民除外，因爲酸民不是「人」）；但很多時候我們在愛情中體會到原來這不是我想像與期待的，那麼分手便是一種人生的轉向與愛的昇華契機。我們可以先嘗試在理型與精神上的分手──亦即在感情內部去試圖揚棄彼此的衝突；如果在內部的分手無法達到自我的整合，再進一步去啓動外部實質上的分手──寫給自己看的分手信，是一種書寫療癒的途徑，很多時候可能寫完了，反而覺得不用分手了，我們可以把這稱之爲分手信療癒法。

像是哲青小英爲了與「臺灣哲學」牽牽手而和「中國哲學」分手，但從其定義的「臺灣哲學」來看，會不會事實上比中哲更中哲呢？會不會其理念就是一個中國哲學的本土化實踐，然而卻讓「臺灣哲學」的定義狹義化了呢？當然，分手是一件很私密很主觀的「私哲學事件」，也是每位哲青自我探索的歷程，沒有所謂的對或不對；但同樣地，作爲讀者我們也可以提出批判，和每位《給哲學家的分手信》中的哲青分手，進行一個分手中的分手、超越中的超越的歷程。

分手的快樂：樸實無華且枯燥的分手信創建哲學新高度

但如果要和哲青們分手，你必須先愛上哲青、愛上哲學新媒體，唯有愛過，才能眞正因理解而分手！還不來讀爆《給哲學家的分手信》啊？一起來一場分手信式的自我探索與療癒之旅。當然，分手信難免主觀、低吟與沉重（沒有人分手是嬉皮笑臉、輕

盈愉快的啦！），但是卻能夠帶給我們最深刻的獨立思考的框架與批判性思考的進路——讀分手信肯定比讀一封情書更能讓你成長、賦予你力量！

只要我們能夠真誠面對自我與感情，你才能真正領略分手的快樂——當然如果你一時無法耐住性了體會分手信的快樂爲何往往就是這麼樸實無華且枯燥，那麼搭配幾首分手的旋律吧！歌單都已經在這篇序文中了，自行取用不用謝。雖然五月天說「傷心的人別聽慢歌」，但我們要在分手信中建構更有自信且快樂的自我，聽聽何妨？流行歌中往往以情歌——尤其是以悲傷情歌爲大宗，這就表示著我們總在感情中的創傷療癒啊！是以分手信式的療癒與探索，絕對可以給作爲存有的我們一股安定與愛戀的能量，一起來享受這分手 style 吧！如果你沒有分手的勇氣，那梁靜茹不只可以給你〈勇氣〉，還可以帶你找到〈分手（的）快樂〉——

分手快樂　請妳快樂　揮別錯的才能和對的相逢
離開舊愛　像坐慢車　看透澈了心就會是晴朗的

---

1. 三段歌詞分別出自黃鴻升〈地球上最浪漫的一首歌〉、周湯豪〈帥到分手〉與劉若英〈成全〉。

我以理性的眼光愛著你
——與「哲學偶像」分手的真誠告白
《給哲學家的分手信》閱讀指南

哲學新媒體編輯室

對哲學的陌生，可能會讓一般人以為哲學家所說的都真切無誤，甚至將其視為所謂的「思想大師」。但如果我們去看哲學專業者如何進行研究與思考，會發現哲學活動似乎建立在專家們持續不斷的相互駁斥上。這並不表示哲學人以反對為樂、或是喜愛辯論。因為若我們更深入地了解哲學討論的進行方式，就能知道所謂的「思辨」就是透過仔細分析思想內容、釐清概念與概念之間的關係、檢驗邏輯的推演，而能使思考的主人逐步發現思想的侷限，進而將其思考螺旋而上推進到更完善、更合理的境地。對智慧的熱愛，使得哲學活動與辯論有著根本上的不同。正是透過這樣層層推進的思維活動，哲學人能擁有高品質的思想內涵。哲學思辨本身即顯露了哲學人如何透過精緻而深入的思維活動，實踐真正的愛智之舉。

哲學新媒體的企業使命就是破除一般人對哲學的誤解，努力讓社會大眾認識真正的哲學。2018 年我們出版了《茶水間遇見海德格》，初步嘗試哲學轉譯的工作，以上班族常有的情緒為撰寫主題，讓哲學家為深陷負面情緒的我們提供解消的良方。該書從一般人的日常切入哲學討論，為的是降低哲學的嚴肅性，引起一般人對哲學的好奇與興趣，同時堅持用不打折的扎實哲學，呈現哲學家的理論如何能與我們的日常生活關聯在一起。

《給哲學家的分手信》則是我們進行哲學知識轉譯的另一個新的嘗試。一般人常誤以為哲學只是呈現哲學理論的靜態活動，但事實上，真正的哲學是包含了動態的思維過程。本書透過哲學

人與哲學家／哲學理論之間的愛恨情仇，呈現了哲學思考的動態過程，讓讀者能體會到思想的推進與辯證，從而認識哲學活動的本性。這十一篇文章用戀愛與分手的隱喻，道出哲學人如何從相識（學習特定的哲學理論）、陷入情網（認同該理論）、到最後分手（認知到該理論的可能問題而轉向、昇華或尋求其他可能性）的思辨過程。

　　本書由具有哲學專業背景的哲學新媒體作家共同撰寫而成，透過揭露其對特定主題的思考歷程來向讀者呈現出哲學活動特有的歷程，示範了他們如何「愛智」。讀者也能透過這些篇章知悉這些主題的討論方式，並了解到不同哲學家在該主題的思想發展上，所做出的思想貢獻。

　　書中的每一篇分手告白，都詳細剖析了舊愛的哲學理路，讓讀者以精簡但不失深度的方式，迅速地掌握到這些哲學家／哲學理論的要點；接著，作為思考者的作者進一步透過反省思考的對象，來辨析其可能的理論缺失、並扣回思考者關懷的議題上，使這些思想內容真切地關聯到思考者本身，回應思考者的思想進程與生命探索。

　　我們鼓勵讀者能在這些文章的基礎上，進行屬於自己的思辨之旅，您可以在每篇文章的最後，看到與該文相關的文獻或延伸閱讀書目，協助讀者繼續思考該哲學議題。

　　由於本書內容皆是哲學人研讀哲學文獻後的進一步反省與自我思索，文中涉及大量的哲學知識。部份篇章對無相關哲學背

景的讀者來說可能閱讀上會有些難度。為減輕讀者的負擔，本書已按照篇章的不同難易度進行編排，越後面的分手信，哲學知識量越高，術語也會比較多一些。讀者可根據自身的哲學能力，依序閱讀本書：

☆～‧☆☆

‧給孔子的分手信（儒學）：儒學與當代生活實踐的連結
‧給彌爾的分手信（政治哲學）：傷害原則的辨析
‧給康德的分手信（道德哲學）：一視同仁與親疏遠近的倫理學爭論
‧給中國哲學的分手信（中國哲學）：臺灣哲學初探

☆☆☆～☆☆☆☆

‧給柏拉圖主義的分手信（美學）：音樂作品的存在探討
‧給尼采的分手信（價值哲學）：意志與身體的哲學
‧給西蒙東的分手信（技術哲學）：人造之物與造物之人的關係
‧給查爾默思的分手信（心靈哲學）：意識的哲學探問
‧給漢娜鄂蘭的分手信（政治哲學）：行動哲學

☆☆☆☆☆

‧給羅素的分手信（語言哲學與邏輯）：形式邏輯的新進路
‧給牟宗三的分手信（中國哲學）：當代儒學的發展

當然，您也可以從中挑選您感興趣的哲學家或哲學議題來閱讀，忽略那些看不懂的哲學術語，一窺資深哲學人的思索歷程與真情告白。

所謂「命」「運」這種東西，
要一點創意才能轉出契機
——給孔子的分手信

蘇子媖

一個連老外都有點認識的東方人

《論語》，是一本與《孟子》、《大學》、《中庸》一起並列合集，爲每個臺灣高中生曾經必須閱讀的《中國文化基本教材》。

聽說自 2016 年改成選修了，課名也改了，有《儒學與人生》、《基礎國學》、《四書概要》、《論孟選讀》或《學庸選讀》等，看起來比較知道在幹嘛的書名。

《論語》不是孔子寫的，聽說是他的弟子們對老師話語的紀錄，簡單來說，就是上課筆記。

至於是誰的上課筆記呢？呵呵，這就很有得吵。

在此先不管是誰的上課筆記，重要的是，這位被記錄的人正是大名鼎鼎的「孔子」。

這個人說的話挺厲害的，連流行音樂界都拜倒在他的言論下，卜學亮不就唱了首〈子曰〉嗎？！

孔子的中心思想是個仁　仁的表現是　己欲立而立人　己欲達而達人　己所不欲　他勿施於人　如以仁爲本體　表現在具體的行爲上　Come on everybody 一起來　對父母爲孝　對兄弟爲悌　對朋友爲信　對國家爲忠　對人則有愛心

而且歌詞的內容也不是亂唱的。

如果你問我，孔子的中心思想為何？還的確就是「仁」字。

以「仁」為中心思想的意義，是為了給知識分子（君子）一個遵循的原則，告訴知識分子們：一個真正的讀書人應該具備什麼樣的特質。

什麼是仁

因此，通篇《論語》提及「仁」共 109 次。

所提及的面向可分為五大方向，分別為：(1) 如何為仁；(2) 不仁者的行為；(3) 仁者特質；(4) 沒有仁會如何；(5) 與仁相處會如何。

(1) 如何為仁：

關於如何為仁，主要是孔子的弟子們，跟孔子詢問：「如何才能做到仁？」

這真的是個大問題！

依《論語》來看，孔子幾乎以「成仁」為勉勵弟子的目標。

就像做菜一樣，媽媽跟你說過年，年夜飯的餐桌上必須有一甕「佛跳牆」，於是孩子就問啦：「請問媽媽，這佛跳牆，如何煮啊？」

媽媽就開始說：「需有干貝、香菇、脆筍……等等食材，然後鹽 2 分之 1 匙，米酒 1 匙……」

孔子的學生也問孔子啊：「請問老師，這仁，如何達成啊？」

〈學而〉記載有子說：「孝弟也者，其為仁之本與！」

原來要做到「仁」，就是要先對父母孝順，弟兄弟友愛，而父母孝順，弟兄弟有愛的舉動就是烹煮「仁」的干貝與香菇。

先有食材，才有烹煮的可能。

那仁到底是啥？是香菇、干貝嗎？

有趣的是，每一個不同的弟子問孔子：「何謂仁？」孔子都給予不同的答案。

〈顏淵〉顏淵問仁。孔子跟他說：「克制自己，謹遵禮法。」

〈顏淵〉仲弓問仁。孔子要他：「己所不欲，勿施於人。」自己不希望被怎樣的對待，就不要用那樣的態度對人。

由此猜想仲弓可能平時是個傲慢的人。

〈顏淵〉司馬牛問仁。孔子跟他說：「仁者說話的時候是很謹慎的。」

〈顏淵〉樊遲問仁。孔子跟他說：「愛人。」要他把別人放在心上。

〈衛靈公〉子貢問為仁。孔子要他：「與夫之賢者相交往，對士與仁者友好。」

〈陽貨〉子張問仁於孔子。孔子曰：「行恭、寬、信、敏、惠。」恭敬則不受侮辱，待人寬厚則得眾，做事守信則能受到重用，勤敏就會成功，懂得嘉惠他人則可以用人。

這裡可以發現，孔子沒有直接跟你說佛跳牆是啥？

而是針對每個人烹煮的缺點，給予提醒，

顏淵鹽只放一點，就提醒要放 2 分之 1 匙。

仲弓的干貝與香菇都放很小顆的，就提醒他，自己希望吃大顆，就要也為別人選大顆。

子張應該社交能力很差，所以孔子提醒他，烹煮時用適宜的態度跟旁邊的婆媽友善交流一下。

子貢就不一樣的，孔子提醒他要多與上流人士交往，在潛移默化中學習他們吃佛跳牆的氛圍。

從這裡雖然看不出來，到底怎麼樣變成仁，但最少知道每個人都有機會「成仁」；只要補其原來的不足，即可達到仁。

那問題來了！我怎麼會知道我哪裡不足！

或許我們可由第 (2) 項「不仁者的行為」與第 (3) 項「仁者特質」來揣摩仁者形象。

(2) 不仁者的行為：

關於不仁者，會有哪些行為：

〈學而〉中的孔子說，不仁者通常「巧言令色」；花言巧語、滿臉堆笑，感覺好相處，但卻虛假。

而且不仁的人，不能讓他長時間處在窘迫的環境，也不能讓他長時間處在享樂的環境，長時間待在這樣的環境，不仁者通常會迷失自己，然後作亂。[2]

(3) 那真正的仁者會有哪些特質呢？

〈里仁〉中的孔子說：只有仁者能公正的喜歡人，厭惡人。[3]

因為仁者懂得判斷，不會輕易被「假新聞」左右。[4]

而仁者把握的精神是「對理想堅持不放棄，對他人教導不厭倦」[5]。

因此他不會被愚弄（「不惑」），懂得判斷屬於自己真的價值（「不憂」），理解自己優點、缺點，所能、所不能（「不懼」）。[6]

除此之外，他的行為表現通常看起來剛正、堅毅、木訥。[7]

若要舉實際案例，孔子認為輔佐桓公的管仲，就是仁者最佳範例。

管仲不花費武力，卻能輔佐桓公稱霸，讓諸侯團結。在此除了表現出他政治謀略厲害外，代表他有一顆愛護百姓的心，不忍心看百姓在戰爭中流離，因此以非武力的方式達成合作，就是一種「仁」的展現。[8]

故真正的仁者是像管仲一樣時時想著仁義的，要他捨棄生命來成就仁，他是願意的。[9] 小人則時時想著權力、名利。[10]

在此，孔子又舉了商朝三位仁者，分別是離開無道紂王的微子，淪為奴隸的箕子，因為勸諫而慘死的比干，他們都是將仁義看得比生命更重要的人。[11]

但是，仁真的那麼重要嗎？

(4) 如果沒有仁，會怎樣？

孔子說，如果心中沒有仁，做出來好像合禮樂的事，都只是形式，都是虛假的空殼。[12]

但仁必須與學相互搭配，空有仁會愚蠢，像個濫好人。[13]

(5) 與仁相處會如何：

而當你有仁在心中，又常與仁（者）相處，就像買房子與有氣質好鄰居爲鄰[14]，那種舒服的感覺會讓你覺得生活美好。氣質提高了，你就不會爲非作歹[15]，在應該行仁時，就算長輩擋在你面前，你也不會退讓。[16]

這些都是孔子告訴我們的大道理，但這些道理眞的有意義嗎？

當 21 世紀遇上孔子

早在 19 世紀，黑格爾曾於《哲學史講演錄》第一卷，就曾大大的評論過《論語》。

黑格爾說：「我們看到孔子和他的弟子們的談話，裡面所講的是一種常識道德，這種常識道德我們在哪裡都找得到，在哪一個民族裡都找得到，可能還要好些，這是毫無出色之處的東西。孔子只是一個實際的世間智者，在他那裡，思辨的哲學是一點也沒有——至於一些善良的、老練的、道德的教訓，從裡面我們不

能獲得什麼特殊的東西。」[17]

雖說黑格爾於《哲學史講演錄》第一卷很大部分誤解了《論語》的論說，把它跟政治哲學牽扯在一起。

如果真要給《論語》扣上政治工具的帽子，孔子一定會從墳墓內爬出來，大罵我們這些小輩不懂歷史（包括黑格爾），一切都是漢武帝「罷黜百家，獨尊儒術」的錯。

撇開背景知識的認知錯誤，黑格爾還說錯了什麼？

我想就是他用看待「知識」的方式來看待《論語》這本書，期待《論語》能說出什麼「知識」。

但《論語》從來都不是知識的書，他是一本提醒你「如何活得好」的書。

如果以 21 世紀的書店歸類，可能會被分到勵志類或是心理叢書類，而不是以知識為哲學界定的哲學類。

不過，若以勵志類或是心理叢書類來看待《論語》，它是一本好書嗎？

我們重新來看一次剛剛歸類的五大面向：(1) 如何為仁；(2) 不仁者的行為；(3) 仁者特質；(4) 沒有仁會如何；(5) 與仁相處會如何。

並且放在 21 世紀的脈絡下來檢視。

首先，這本勵志書要我們成為「仁者」。

什麼是仁者？

作者沒直接告訴我們，但可以從 (2) 不仁者的行為；(3) 仁

者特質，觀察到：仁者把握的精神是「對理想堅持不放棄，對他人教導不厭倦」；他不會被愚弄（「不惑」），懂得判斷屬於自己真的價值（「不憂」），理解自己優點、缺點，所能、所不能（「不懼」）。所以這樣子的人，他的行為表現通常看起來剛正、堅毅、木訥；絕對不會花言巧語、滿臉堆假笑。

綜合來說就是要你做個正直、真誠、具有韌性、頭腦清楚的人。換句話說，你要有人品 [18]。

請問這樣的人，合乎於我們這世代的需求嗎？

我再問得具體點：在現在以科技、金融，強調創新思考的年代，這樣的人，是否符合時代需求？

分手理由

我們是一個強調「名聲」的時代！

「名聲」就是你的另一張臉！

以現在最流行的直播來看，「顏值」是直播主需要但不是必要的條件，因為只要缺「名聲」這必要條件 [19]，「顏值」也走不長久，有「名聲」就像開了直播開美肌，即便「名聲」可能是被塑造的，但也好過沒修圖的賣笑直播主。

譬如很多政治人物或名人，他們的直播有一堆人看，觀看的不見得是他的臉，有時往往看的是他的觀點，因為他的名聲，某種程度代表了較有公信力的意見。

孔子的弟子中也有關心名聲的，子張就關心名聲如何顯達，於是跑去問孔子，孔子的回答是：我所認爲的有名聲跟你所認爲的不同，你只停留在國外有名、國內有名的層次，那只有虛名而已；我認爲眞正顯達的名聲應該是由內而外的讓人景仰，這樣的人的特質是具備修養，正直、崇尚道義、善於察言觀色，又甘心處於他人之下。這樣子的人很自然國內外的人都知道他。如果只是表面行仁義，那也只是騙取到短暫的名聲而已[20]。

　　換句話說，孔子的意思是，公關、行銷都是包裝，眞正重要的是你內在有幾兩。

　　沒錯！公關、行銷眞的都是包裝，但現實世界是，我也唯有先靠著這公關、行銷的包裝，才能讓別人看到我有幾兩。

　　如果不言詞犀利、講話帶哏、偶一爲之的浮誇，你還當眞會有人靜靜泡杯茶跟你聊心，品味你的修養嗎？

我們是一個連求職，都用履歷快篩的年代！

　　有眞能力重不重要？非常重要，因爲那才是你在職場上走得長遠的眞本事。

　　但抱歉，姐姐我在這必須很坦白的說，現今這講求凡事快速的社會，你的第一份工作絕對先用「學歷」與「勳章（獎牌）」做快篩，你的能力……嗯……，他們認爲就應該反映在「學歷」與「勳章（獎牌）」上；最實際的例子就是 2015 年被罵翻的亞馬遜 AI 篩履歷，那就是一種貪便宜的方式[21]。雖然貪便宜行事，

但卻是一個不可逆的事實，現在唯一的缺失是，AI 還沒辦法完美篩選而已；只要當背後的軟體建模完備，深度學習到位，我們很快就會接來 AI 篩履歷的狀況。

認真的體會每個投遞履歷人真實的樣貌，全面評估是否適合自己公司，是每個人資部門員工最基本的工作態度，但現實上，面對上千封的履歷，光做履歷簡表就累死人了，怎麼可能真切的做到認真的體會每個投遞履歷人真實的樣貌；就算你想，時間的壓迫也不容許你如此細緻品味地體會每個履歷背後的動人故事。

但孔子怎會容許這樣不尊重人的方式出現。

孔子都要仲弓「己所不欲，勿施於人」了！那是因為你面對的是活生生的人，不是貨物；只要是活物，都必須要被認真，真心的對待。

活生生的人用機器快篩其他人的人生！

孔子一定會悲嘆：人心怎麼可以墮落與不尊重他人到如此的程度！

正由於我處的時代強調顏值、名聲、浮誇；做事都求快速，很少花時間品味一個人，而這些都是孔子所不推崇的。孔子啊！我雖然很喜歡你的言論，但我必須在此認認真真的跟你分手。

因為我怎麼可能在告訴我的學生尊重他人的同時，卻不告訴他們走出學校這道門，外面篩選你的方式是多麼的不尊重你。

他們一定會問我，WHY ？現實為何如此殘忍？孔子說做到

「溫、良、恭、儉、讓」[22] 就會得到同等回饋的狀況，難道是神話嗎？

我決定要跟王陽明牽牽手

所以好的理論，如何能活用於世，這才是重點！

學習儒家的學者，多少都有些想用於世道的心，但孔子太倒楣，沒天時（當時戰亂，只求強國之道）、沒地利（官職最高也就魯國大司空，還是在他 50 歲時才短暫得到此職位）、更沒有帝王賞識。

孟子雖是孔學之大成，但太夢幻，對於當時打得你濃我濃的各國諸侯來說，精兵圖強才是他們在意的，孟子的仁政，是很不錯啦，但對當時的諸侯來說：活下去，才有談仁的可能性。

朱熹太拘謹，以《大學》為藍本，提出做學問需先「格物致知」。相較於同時期心學的陸九淵就太拘謹了。

只有王陽明（王守仁），夠雜、夠博覽群書、夠跳 tone。

現代有藝人王陽明，古代也有哲學家叫王陽明。

古代王陽明的本名是王守仁，自號陽明子，他人多稱「陽明先生」，後世亦多稱王陽明。

王陽明從小悟性極高，大家都說他是神童。既然是神童，自然不喜歡用一般嚴嚴謹謹的規矩學習，所以他小小年紀常上諫朝廷，那時他還是個什麼官位都沒有的小屁孩。反正他也不在乎別

人批評，又自持自己滿聰明（但他真的滿聰明的），又不會因為他人非議、忌妒而將這小事往心裡放，所以成就了他不拘泥於官場、科舉的考試，得以綜覽群書的學習過程。

恰巧王陽明的個性也篤實，書上看過必須得來求證一下，而這態度可以跟他之後強調「知行合一」的論點相連結。

所以他 17 歲看到道士打坐，為了應證所聽到的養生法，所以就跟道士在那邊靜坐。18 歲時聽到朱熹「格物致知」的觀點，就把朱熹的著作都讀了，然後為了應證，就跑去看竹子看了七天（格物），結果什麼都沒得到（致知），只得到大病一場，這件事種下他對於朱熹「格物致知」學說的質疑種子。

20 歲中了舉人，開始能做點小事了。剛好自己射箭的技術也不錯，因此開始會討論軍事、分享軍事觀點，而這興趣的發展，其實隱約可以看出他後來剿匪、平定江西民變、平定南昌寧王的氣魄與能耐，光這點，就是很多儒家學者所比不上。

那你一定會想，王陽明這麼忙，當官還剿匪，書念得又廣又雜，一定在學術專研上很平庸。

那你就錯了！

王陽明之所以能成為明代哲學的第一把交椅，心學集大成者，姚江學派創始，這件事情絕非泛泛博覽群書的功力而已。光他所撰寫的《傳習錄》就可看出他承襲儒家的精神，且將儒學開展出另一層次——「心即理」的觀點，而這創建是直承孟子學說，並把陸九淵太過抽象的心學具體化的大能耐。

「心即理」，簡單好操作，致使一般不識字的老百姓也能學習。所以他說：「天地雖大，但有一念向善，心存良知，雖凡夫俗子，皆可為聖賢！」只要你心中有善，就能成聖賢；如此相較於朱熹的理學、克勤克苦的「格物致知」來說，真的非常親民！

讓自己成為一個對得起自己的人

回到最開頭，你會發現王陽明其實並沒有脫離孔子所提倡的：做個正直、真誠、具有韌性、頭腦清楚、胸懷道德的人。但我為什麼想跟孔子分手，跟王陽明牽手。

最簡單的原因即是：我需要我的所學能夠在我所處的時代映證。

而這也是王陽明終身所展現的儒家特質。

我不希望我只是死抱著儒學原論，每天說些高、大、尚的倫理原則，然後被別人笑說：你太夢幻了！

如果不爽被快篩、不爽虛假名聲，就找個方式好好反擊吧！

如果發現自己很難踏出讀書人的舒適圈，王陽明會說：「不講求，只是涵養之志不切」[23]。意思是，你知道這些原理，但你做不到，是因為你「立志」不真切；學好玩的！

而學不切，無法行動的主因在於「困」與「忘」[24]，也就是：自我困陷與忘卻（假裝看不見）。

所以即便像孔子榮登「魯蛇王」，一生不得其志，但若你能不自我困陷與忘卻那最原始的道（理），則很自然的你一定能「做」。

　　這做得到的部分表現在「讓你成為一個對得起自己的人」。

　　這樣的「志」能讓你在眾人都不討喜的狀況下，讓你最少沒有丟失掉你自己，沒有丟失掉「一個人之所以成為人」真正有意義的那塊。

　　之所以成為人，真正有意義是什麼？

　　我認為就是「把別人放在心裡」的人性；而這人性依照王陽明的意思是可以「做」出來的。

　　曾經看過一部驚悚片，2015 年上映的《詭打牆》（Circle），故事大概的結構是 50 人會一一被電死，只有一個人能活，而要誰活、要誰死的決定權，由這 50 個人自己決定。

　　故事的結局我非常喜歡，當最後一位活下來的人使用奸計欺騙孕婦與小女孩時，我就覺得他連做為人的那最後一點點人性都丟棄了！是個極度反思的好片。

　　如果連人性都丟棄的人，即便能一直活下去，那還有什麼意義？

結語

　　每一個學說都嫁接在他所處的時代，孔子的學說很多都已經

不符合我們現在這時代。這認知，是在現代卻依然死守孔子學說陣線的死古板學者們，都該認清的事實。

你的死守不會讓現在的我們更愛孔子學說，反而是讓大家更覺得孔子學說脫離世界。

真正該死守的不是《論語》的章節話語。

而是直接問想丟棄的人，你還想保有「做為人」的最後那一點意義嗎？

而那一點意義就是，帶著人性的活在這世上。

由此下去開展，才是儒學（孔子學問）的靈魂所在之處。

如何把握儒學原則，展現大破大立的開展勇氣？或許我們可以透過王陽明「知行合一」的觀點，得到提醒，讓我們莫忘最初的「志」，讓自己成為一個對得起自己的人！

進階閱讀推薦書單

1. 唐君毅，2006，《生命存在與心靈境界》，臺灣學生書局。
2. 譚家哲，2006，《論語與中國思想研究》，臺北：唐山出版社。
3. 譚家哲，2006，〈神倫與人倫：西方與中國倫理根源之差異〉，《形上史論》下，臺北：唐山出版社。
4. 王陽明，《傳習錄》。

2.〈里仁〉子曰：「不仁者不可以久處約，不可以長處樂。仁者安仁，知者利仁。」
3.〈里仁〉子曰：「唯仁者能好人，能惡人。」

4. 〈雍也〉宰我問曰:「仁者,雖告之曰:『井有仁焉。』其從之也?」子曰:「何為其然也?君子可逝也,不可陷也;可欺也,不可罔也。」

5. 〈述而〉子曰:「若聖與仁,則吾豈敢?抑為之不厭,誨人不倦,則可謂云爾已矣。」公西華曰:「正唯弟子不能學也。」

6. 〈子罕〉子曰:「知者不惑,仁者不憂,勇者不懼。」智者、仁者、勇者其實說的是同一種人,即是「仁者」。

7. 〈子路〉子曰:「剛毅、木訥,近仁。」

8. 〈憲問〉子路曰:「桓公殺公子糾,召忽死之,管仲不死。」曰:「未仁乎?」子曰:「桓公九合諸侯,不以兵車,管仲之力也。如其仁!如其仁!」

   〈憲問〉子貢曰:「管仲非仁者與?桓公殺公子糾,不能死,又相之。」子曰:「管仲相桓公,霸諸侯,一匡天下,民到于今受其賜。微管仲,吾其被髮左衽矣。豈若匹夫匹婦之為諒也,自經於溝瀆,而莫之知也。」

9. 〈衛靈公〉子曰:「志士仁人,無求生以害仁,有殺身以成仁。」

10. 〈憲問〉子曰:「君子上達,小人下達。」

11. 〈微子〉微子去之,箕子為之奴,比干諫而死。孔子曰:「殷有三仁焉。」

12. 〈八佾〉「人而不仁,如禮何?人而不仁,如樂何?」

13. 〈陽貨〉子曰:「由也,女聞六言六蔽矣乎?」對曰:「未也。」「居!吾語女。好仁不好學,其蔽也愚;好知不好學,其蔽也蕩;好信不好學,其蔽也賊;好直不好學,其蔽也絞;好勇不好學,其蔽也亂;好剛不好學,其蔽也狂。」

14. 〈里仁〉子曰:「里仁為美。擇不處仁,焉得知?」

15. 〈里仁〉子曰:「苟志於仁矣,無惡也。」

16. 〈衛靈公〉子曰:「當仁不讓於師。」

17. 黑格爾,《哲學史講演錄》第一卷,商務印書館,1959 年,頁 119-120。

18. 〈衛靈公〉子曰:「知及之,仁不能守之;雖得之,必失之。知及之,仁能守之。不莊以涖之,則民不敬。知及之,仁能守之,莊以涖之。動之不以禮,未善也。」

19. 孔子說:「憑智慧得到權力,但缺少仁的修為,即使得到了,也必然會失去;憑智慧得到權力,修為也好,但不嚴肅認真地管理,則不受群 尊敬;憑智慧得到權利,修為好,工作態度也好,但所作所為不符合道德規範,那也是不完善的。」

   名聲有多重要,建議可翻閱大衛‧瓦勒、魯柏‧楊格著,《名聲賽局:個人、企業、國家如何創造與經營自己的名聲》,遠流出版社,2018 年 12 月。

20. 〈顏淵〉子張問:「士何如斯可謂之達矣?」子曰:「何哉,爾所謂達者?」子張對曰:「在邦必聞,在家必聞。」子曰:「是聞也,非達也。夫達也者,質直而好義,察言而觀色,慮以下人。在邦必達,在家必達。夫聞也者,色取仁而行違,居之不疑。在邦必

聞，在家必聞。」

21.〈亞馬遜 AI 招聘惹眾怒：它自己學會了重男輕女〉，https://www.stockfeel. com.tw/%E4%BA%9E%E9%A6%AC%E9%81%9C-ai-%E6%8B%9B%E8%81%98-%E6%83%B9%E7%9C%BE%E6%80%92-%E5%AD%B8%E6%9C%83-%E9%87%8D%E7%94%B7%E8%BC%95%E5%A5%B3/ (2019/1/3 瀏覽）

22.〈學而〉子禽問於子貢曰：「夫子至於是邦也，必聞其政，求之與？抑與之與？」子貢曰：「夫子溫、良、恭、儉、讓以得之。夫子之求之也，其諸異乎人之求之與？」

23.《傳習錄·門人薛侃錄》，中國哲學書電子計畫，https://ctext.org/wiki. pl?if=gb&chapter=655966

24.《傳習錄·答周道通書》，中國哲學書電子計畫，https://ctext.org/wiki. pl?if=gb&chapter=452118

我們就到這兒，
恩師而非戀人；
您給予的所有自由，
我將一一牢記
——給彌爾的分手信

Taylor

生命誠可貴，愛情價更高，

若爲自由故，兩者皆可拋。

——裴多菲·山多爾 (Petőfi Sándor)

分手吧！約翰·彌爾！

你有想過十歲的你當時在做什麼嗎？英國十九世紀哲學家約翰·史都華·彌爾 (John Stuart Mill，1806-1873) 受父親嚴格的家庭教育，三歲始學習希臘文；八歲學習拉丁文；十歲便讀完柏拉圖三十多部著作，後來更修習化學、植物學、高深數學等，並精通法語，是位不可多得的人才。他於 1859 年寫成迄今仍然極具影響力的《論自由》(On Liberty)，甚至有論者認爲《論自由》有如自由主義者的聖經，這著作奠定他在政治哲學、法律哲學、道德哲學等領域繼往開來的重要人物。這篇文章是我寫給彌爾的分手信，說明我不能接受彌爾在《論自由》中，對那個歷久常新的哲學問題：「國家是否有權執行某種道德標準？」的回應。

一個極其簡單之原則

或許「國家是否有權執行某種道德標準？」這個問題過於抽象，讓我們嘗試考慮哲學家德沃金 (Gerald Dworkin) 提出以下的三組可能受限制的法律：[57]

甲類：

禁止謀殺

禁止盜竊

禁止性虐待兒童

乙類：

規管人們可以在家中聆聽的音樂類型

限制人們篤信的宗教類型

丙類：

禁止人們私下消費色情物品

禁止成年人之間雙方同意的同性性行為

禁止重婚

　　德沃金認為絕大多數人直覺上都會同意就甲類立法，因為這些行為造成明顯傷害或損害了他人的利益；相反，絕大多數人都不會同意就乙類立法，因為這些事情僅僅是個人的喜好，也沒有道德上的爭議性。國家應就甲乙兩類行為立法的界線分明，沒有什麼值得爭議的地方。然而，具爭議性的是丙類——一方面，丙類行為並沒有造成明顯傷害或損害他人的利益，因此沒有立法的合理依據；另一方面，這類行為在很多人眼中看來是不道德，不受社會主流歡迎、嚴重影響社會秩序，因此即使沒有造成傷害或損害別人的利益，也有立法的必要性。正反相反各執一詞，為哪

一種行為立法的原則並不如上述所說，如楚河漢界般清晰，因此我們有必要思考，國家是否有權執行某種道德標準。明白這個問題的意思及其重要性後，讓我們看看彌爾怎樣回答這條問題。

彌爾是個古典自由主義者，他認為每個個體都應該擁有很大程度上的社會自由發展個性，這些自由包括良心自由，讓人們可以自由信仰、思想等，也有表達意見的自由，以及按自由喜好行事的自由。因此，無論是宣告自己是飛天麵條神教教友(Pastafarian) 及執行其教義，[58] 成為人人讚好的孝順兒女，或者成為整天只想著觀賞 A 片、愛抽菸、酗酒賭博的人，都不應受他人阻撓或用法律干涉，這些都是當事人的自由。要實踐這個理想，彌爾認為單靠民主政制是遠遠不夠的，所謂跟隨人民的意願，「實際上是指社會上的最多數、或最活躍的一部分人的意願……結果人民也會希望壓迫他們中間的一部分人」，[59] 結果造成多數人的暴政 (the tyranny of the majority)。為了不將某些人的喜好、利益、道德價值凌駕於整個社會之上，強制社會上其他人接受某種特定的價值觀和生活方式，彌爾提出一個極之的原則 (one very simple principle)，說明社會對個人的一切強迫和管制的行為，後世稱之為傷害原則 (harm principle)：

人類之所以有理有權可以干涉任何成員的行動自由，唯一的目的只是自衛。這就是說，對於一個文明的群體中的任何一個成員，之所以可以不理會他的意願而用權力控制他而不失為正當，

唯一的目的只是要防止對他人的傷害。[60]

他繼續解釋:「若說是為了那人自己的好處而強制他,不論物質上或精神上的好處,都不可以成為充足的理由。人們不能強逼一個人去做一件事或不讓他去做一件事,說因為這樣會對他比較好,因為這樣會使他更幸福,因為他們認為這樣做才是明智或正確;這些理由都是不正當的。我們可以為了這些理由去規勸忠告他,去曉之以大義,去說服他,去懇求他;但卻不可以為了這些理由去強逼他,或當他反其道而行便懲罰他。要動用懲罰去阻嚇他不去做某件事的正當理由,必須是該行為肯定會對他人帶來傷害。」[61]

換句說話,彌爾認為除非某個行為肯定會為他人帶來傷害,否則法律不應干涉個體的行動自由。由是觀之,彌爾對上文丙組行為的立場顯而易見:基於傷害原則,法律不應禁止丙類行為;國家也沒有權執行某種道德標準。

令人不得不佩服的自由觀

《論自由》成書 170 年後的今天,彌爾仍然能夠被稱為自由主義承先啟後的大師並不是沒有原因的,我甚至可以說,若果你沒有看過《論自由》,你根本不知道自由主義是什麼。自由主義的核心思想是,社會(特別是作為主權國家)共善 (common good) 與個人自由在各樣事務及其價值的衝突,後者具有絕對的

優先地位。正如彌爾說：

　　「任何人在行爲上須向社會負責的，只限於與他人有關的那一部分。在只關係他個人的行爲上，他的獨立，就權利講，是絕對的。對他自己，對他自己的身心，他就是無上 (sovereign) 的權力。」[62]

　　彌爾在這裡指出行爲有公私之別，關乎他人 (other-regarding) 的行爲需要向社會負責，對於僅關乎自己 (self-regarding) 的行爲，個體本身擁有無上、絕對的自由。

　　因此，社會不能因爲在沒有傷害別人的前提下，強行要求個體爲了社會共同利益的緣故，以無上的個體自由作爲犧牲品。

　　彌爾在他的社會及成長背景下寫上這部勇敢的著作，絕不簡單。彌爾對「將一己價值強加於他人身上」這種情況非常反感。雖然當時英國已經實行民主政制一百多年，早已爲政教分離、專制暴政畫上句號，但是他認爲這並不代表個人自由不受到威脅。他指出法律或輿論督責下實際決定的價值和原則，就是社會上的權勢階級和最有力量的一部分人，造成多數人的暴政 (the tyranny of the majority)。[63] 當時最具權勢的社群之一就是基督新教。[64] 因此，彌爾認爲社會不應將某些宗教價值，凌駕於個體的良心自由（包括信仰及思想自由）、發表意見的自由、與他人聯結的自由。[65] 他在十九世紀就能擁有「容忍別人跟自己不一樣」的精神，他反對人們將其社會傳統價值強加於個體身上，給予個體最大的自由，允許自我生活實驗，讓人們自己選擇與實踐自己認爲幸福的

生活方式。由此可見，彌爾的自由主義思想給予人們極大的自由度，根據傷害原則，只要你不傷害別人，無論何事，你都有自由免受公眾強制影響你的行為，因為你才是你自己的主人公，擁有無上的主權。這種敢於向權威說不的風骨，樂於尊重不同人的想法和生活方式的精神，實在讓莘莘學子十分著迷。相信在華人社會長大的青少年都有相似的經歷，從小到大經常都覺得自己的人生不是被父母所決定，就是被師長「用心良苦」的勸勉，覺得自己不再是自己，只是他們的工具，他們總是將他們認為好的價值觀灌輸給我們，而不讓我們去想想自己想要的到底是什麼。其實彌爾也是在這樣的環境中長大，他父親是著名的學者，跟功利主義大師邊泌 (Bentham) 有非常密切的關係，他的家教嚴格，從小就不准彌爾跟其他小朋友玩耍，只容許他讀他父親推薦的指定讀物。不單是他的聰慧，他對自己成長背景及時代背景的反思，才能醞釀出《論自由》這本極具影響力的書。他讓我確信「不自由，毋寧死」，也許是這個原因，當初的我不得不愛上他。

從前不得不愛上他，現在不得不離開他

後世對彌爾的傷害原則毀譽參半，認識到傷害原則吸引之處之後，讓我們看看反對者對這個理論的批評。

1. 「傷害」的意思不清晰

哲學家泰勒 (Richard Taylor[66]) 認為彌爾的傷害原則並沒有為政府及社會干涉個體生活訂下清晰的界線。「傷害」是什麼意思呢？若我們採用較狹猛的詮釋——傷害他人即傷害他人的身體 (bodily injury)——這會讓偷竊、詐騙等情況不能得到政府的保障，讓個體自由遠超於合理的界限，我們亦難以接受這種詮釋帶來的後果。這樣看來，「傷害他人」所指不單是傷害他人的身體。另一方面，若我們對「傷害」採取較闊的詮釋，理解為傷害他人極為重要的利益 (deepest interest)，這樣的話，政府不但能保障他人身體免受傷害，也能限制偷竊、詐騙等行為。這樣的話，政府就應該禁止人們傷害所有個體認為彌足珍貴的事物，例如宗教、愛國情懷、公眾場合中的舉止、野生動物的保育等等。泰勒認為這樣理解傷害，等於在說我們所有的事情都不能做，亦再難以稱傷害原則為一種自由的原則。總而言之，若果採取較狹窄的解釋，個人自由過多，政府不規管盜竊、詐騙等行為，會使社會動盪不安；若採取較寬闊的解釋，自由度便會過緊，很多事情都不能做。由是觀之，彌爾這條極之簡易的原則中「傷害」這個概念並不清晰，難以為合理的自由定下界線。

2. 公私難以定分界

讓我們以公私之別來討論傷害原則可能面對的批評。上文提到，彌爾認為個體只有與他人相關 (other-regarding) 的行為才需

要向社會負責，僅關乎自己 (self-regarding) 的行為，則不容許政府及社會的干預。學者戈爾丁 (Martin Golding[67]) 認為彌爾的立場前後不一致，一方面如上述所言，彌爾認為個體對自己主權的正當界限在於該行為是否只關乎自己，另一方面卻在另一章認為「沒有一個人是完全孤立的存在」，並且承認「一個人的損己行為，會通過別人的關心及利害關係，而嚴重地影響到與他有親密關係的人，甚至也影響到社會。」[68] 戈爾丁質疑那些所謂「只關乎自己的行為」，是否一定是只關乎自己。以文首丙類項目「禁止人們私下消費色情物品」為例，若會只有寥寥數人間中私下消費色情物品，我們或會認為這些私人行為都不會影響到其他人。可是，若社會中絕大多數人每天都花不少金錢和時間如此消費，我們會覺得這行為不單是只影響到自己，也有社會的面向。若果戈爾丁這項質疑成立的話，那麼彌爾便不能宣稱他的「一個極之簡易的原則」是合理及穩妥。

3. 有「傷害原則」以外的準則嗎？

英國政府在 1957 年發表了一份《同性戀及賣淫嫖妓罪行委員會報告書》，簡稱《沃芬登報告》(The Wolfenden Report)（下稱《沃》），該報告書建議，有共識的成年人在私人地方進行的同性行為應該除罪，委員認為：

「刑法功能乃是維繫公共秩序和正派作風，保護公民不受侵犯或傷害，並提供充分的反對剝削和腐化他人的保護措施……

我們認為，法律的功能不能超出我們已經概述的有必要貫徹的目的，去干預公民的私人生活或力圖強迫實施任何特定行為模式……社會與法律應給予個人自由選擇與行動的私德的重要性。除非社會憑藉法律蓄意施壓，將法律上的罪的範圍等同於道德上的罪，否則就必須保留一個私人道德與不道德的領域——言簡意賅地說，即非法律事務的領域。」[69]

該報告提出的原則顯然地與彌爾的「傷害原則」如出一轍，法律上的對錯不應建基於道德理念，在不傷害別人的前提下，個體該擁有無上的自由。起初，委員會會員之一的戴夫林 (Patrick Devlin) 也贊成改革，讓同性罪行除罪。[70] 可是，當戴夫林反覆思量這份充滿彌爾色彩的報告的《沃》後卻改變了立場，認為社會應要用刑法執行道德 (use of the criminal law for the enforcement of morals)。

首先，戴夫林認為道德具有公共性，不僅僅限於私人領域。社會是一個觀念共同體，若不共享關於政治、道德的觀念，社會就不能存在。雖然社會中每人都有自己的政治和道德價值，但如果社會已經創建在公共共識 (common agreement) 的基礎上，就是說看不見的公共思想 (invisible bonds of common thought) 凝合而成，一旦失去共識，社會成員就會相互疏離，社會將會瓦解 (disintegrate)，[71] 因此，我們不能說道德只有私人的向度，而是有其社會性，也就是說，社會中其他人有權過問某些道德問題。

之後，戴夫林論證社會有權使用法律來執行道德。如果說醫

院、學校、機場這些是社會中有形的基礎建設，那麼政治系統、法律體系、道德價值等就是社會中無形的基礎，戴夫林認為政府有權使用法律來保護這些社會中有形無形的堡壘免受崩潰，正如叛國罪（treason）之所以合理，是因為創建政府對社會存在是必要的，因此必須保護其安全而避免被暴力推翻。同樣地，社會中共同的道德價值對社會福祉也是必要的，因此法律是合理的手段去避免社會禮樂崩壞。戴夫林這裡不是說每一件事情法律都可以用來執行道德，他僅僅是在表示，道德與法律並不是壁壘分明，像《沃》所言，道德跟法律要完全的分家。[72]

最後，戴夫林想要處理的是，我們如何訂一條界線，在什麼事情上社會可以用法律執行道德，什麼時候不可以？以什麼原則來區分？他認為行使法律來執行道德的原則是具有彈性的，不能嚴格精確，他提出了四項原則。

第一是與必須容許個人自由最大化，只有大多數通情達理的人（reasonable man）認為是極度傷風敗德的事情才會受到法律制裁。至於什麼是「極度傷風敗德」的事，他認為社會中通情達理的人必須有一種確實的譴責感 (feeling of reprobation)。[73] 以虐待動物為例，絕大部分文明國家都會為虐待動物立法，原因就是因為這種行為讓社會人士內心產生不可視而不見的厭惡感，反映這種不道德行為觸及社會容忍限度的良好標誌。

第二是社會對違反道德標準的容忍度會隨時間改變，因此每次審視應否作出法律改革時，都應要緩慢，社會中要有充分的討

論，避免朝令夕改。

　　第三項原則是應當盡可能尊重私隱。法官與立法者強烈反對鼓勵偵查犯罪時入侵私人領域一方面，警察不能隨意以公共利益為理由，而侵犯公民的私隱；另一方面，要視乎案件中的嚴重性作出考量。例如在最近發生的武漢肺炎事件中，戴夫林會認為若果某人拒絕作健康申報，以及拒絕透露有否到過疫區，政府能以重大公眾利益為合理理由，強行要求相關商店或信用卡公司透露那人過去 14 天的行程和消費紀錄。但如果某人只是在街上偷了老婆婆的錢包，那就不能用不合比例的力度去詳細搜查他的過去行程等等。

　　最後一項原則是明白到法律與道德之間的互補性，戴夫林認為法律關注的是社會上低的要求，是整個社會的最後底線，免受嚴重的傷害；相反，道德關注的是如何成為一個完善的人，[74] 例如儒家的聖人、道家的真人、佛教的成佛、基督教的義人等等。一方面，兩者的關係並不是在政教合一的時代，將宗教上的罪與法律上的罪很大程度上有所重疊；另一方面，兩者也不是楚河漢界般分明，各有各獨立的管轄範圍。戴夫林認為兩者應該有其重疊的地方，法律和道德也應關注社會上嚴重的傷風敗德的行為。

　　總括以上的討論，戴夫林雖然認為社會有權使用法律作為工具執行道德，這不是說法律都能滲透到道德的每個角落，他指出「劃分刑法與道德的界線不是經由任何清晰原則的應用而決定，而是像劃分陸地與海洋的凹凸不規則的海岸線」[75]，在考量以上

四項具靈活性的原則，在不同的權衡和經驗的累積得出。

回到文首丙類的行為，若果將以上的原則應用至現今臺灣的社會，戴夫林沒有一個固定的答案讓丙類行為應否立法，這要從上面幾項原則來分析出來。但這裡的關注點並不是戴夫林認為應該為這類行為立法，而是指出戴夫林的法律哲學與彌爾的哲學有不同之處。當彌爾在「傷害原則」指出「個體本身擁有無上、絕對的自由」，戴夫林卻反駁這種自我觀並不正確。後者認為社會仍然能夠使用刑法制裁某些極其嚴重的私德敗壞，因為道德是社會無形的堡壘，因此社會有權為求自保，容讓法律介入表面看似只是非常個人的私德問題。[76]

總結

筆者當初讀到彌爾的自由主義思想是十分著迷，提出的「傷害原則」鏗鏘有力，十分符合個人主義的思維，只用一項原則便能處理這個大問題 (big question) 亦十分乾淨俐落。可是，正如泰勒、戈爾丁、戴夫林所論述，彌爾「傷害原則」並不如他一開始所說的極之簡易，公私之間似乎也不易劃出一條清晰、簡單的界線，以致社會在某些私德上不能不作出回應。相信每個人（包括彌爾）都像我一樣曾經很想很清楚地為事情或概念劃界線，可是以上三位學者似乎都在告訴我們，事情並沒有那麼簡單容易一刀切，因此我對著彌爾這種承先啓後的人才，我雖曾為之著迷，

但現在我不得不與他分手，在「傷害原則」以外尋找其他可能性。

進階閱讀推薦書單

1. 約翰‧斯圖爾特‧彌爾，《論自由》。

2. 羅秉祥，《自由社會的道德底線》，基道出版社。

3. Jonathan Riley. (2015). Routledge Philosophy Guidebook to Mill on Liberty, Taylor & Francis Ltd.

4. Gerald Dworkin(1994),Morality, Harm, And The Law, Taylor & Francis Inc.

5. H. L. A. Hart (1972),Law, Liberty, and Morality, Stanford University Press.

6. Devlin, Patrick. (1965). The Enforcement of Morals. Oxford: Oxford University Press.

57. Dworkin, Gerald. 1994. "Introduction." In Gerald Dworkin, ed., Morality, Harm, & the Law (Boulder, Colorado: Westview), p. 2.

58. 根據維基百科，飛天麵條神教「是一場以諷刺的方式反對某些宗教教派把所宣稱的智慧型設計論（生物並非出於演化，而是源自某種超自然智慧型的設計）加入美國公立學校的自然科學課的社會運動。」可參閱維基百科條目《飛天麵條神》。

59. 彌爾：《論自由》，郭志嵩譯，臺北：臉譜出版，2004，頁 30。

60. 彌爾：《論自由》，頁 35-36。跟羅秉祥的翻譯比起來，筆者認為羅秉祥的版本較為順暢而不失準確度，因此，部分譯文將引用羅秉祥：《自由社會的道德底線》，第四版，香港：基道出版社，2010，頁 13。

61. 彌爾：《論自由》，頁 36；譯文引用 羅秉祥：《底線》，頁 13-14。

62. 彌爾：《論自由》，頁 36。

63. 彌爾：《論自由》，頁 30-33。

64. 自十六世紀起，基督新教的聖公宗成為英國國教。

65. 彌爾：《論自由》，頁 38。

66. Richard Taylor. Freedom, Anaarchy, and the Law, 2nd ed. Buffalo: Prometheus Books. 1982, pp. 57-8.

67. Martin Golding, Philosophy of Law, New Jersey: Pearson. 1975, p. 58.

68. 羅秉祥：《自由社會的道德底線》，頁 26。

69. Patrick Devlin. 1965. The Enforcement of Morals. Oxford: Oxford University Press, p. ii.

70. The Enforcement of Morals, p. v.

71. The Enforcement of Morals, p. 10.

72. The Enforcement of Morals, p. 14.

73. The Enforcement of Morals, p. 17.

74. The Enforcement of Morals, p. 19.

75. The Enforcement of Morals, p. 21-22.

76. Devlin 的論文發表後在社會帶來很多回響，也遭受到不少自由主義者的批評，當中批評最猛烈的是 H.L.A Hart，其論點在此不贅。有興趣的讀者可參考：H. L. A Hart. 1977. "Immorality & Treason." In R. M. Dworkin, ed., The Philosophy of Law (Oxford: Oxford University Press), pp. 83-88. 以及 H. L. A Hart. 1965, Law, Liberty, and Morality, Stanford, Calif.: Stanford University Press.

普遍性的道德難道不會違反人性嗎？
——給康德的分手信

陳康寧

親愛的伊曼努爾·康德（Immanuel Kant），最近時常想起您，您是18世紀啟蒙時代最重要的哲學家之一，也是繼亞里斯多德（Aristotle）之後開創了新的道德視野的倫理學家。[47]您在《道德底形上學之基本原則》一開始就區分了「自然底法則」與「自由底法則」，「自然底法則」包括萬有引力、能量守恆定律等，也就是這個物理世界所具有的法則，大自然的運作（四季交替、日升日落等）一定符合這些物理學的定律。「自由底法則」則是人基於自由意志而實踐的道德律（moral law）。您告訴我，您終其一生都在思考道德律。我記得那時候我的反應是：我們爲什麼要做道德上對的事情？您聽了我的疑惑後，眼睛一亮，娓娓向我道來，如今我還印象深刻。

怎樣才算是真正的道德？

　　道德是我們日常行爲的規範，我們的教育也強調要如何培養一個人的道德人格，可爲什麼我們要遵守道德規範呢？您認爲，實踐道德是每個人與生俱來的義務（obligation），也是一種人性的價值。但您強調，我們實踐道德，是不能附帶任何條件的。有些人幫助別人，是爲了獲得好名聲，又或者是爲了討好某個人，這些都不算是真正的道德。

　　我記得，義務可以區分兩種，一種是「出乎義務」（from duty），另一種是「合乎義務」（accord with duty）。舉個例子，

若有一個富人捐錢給孤兒院，並非爲了博取好名聲或避稅，而是純粹基於道德義務，那麼這個行爲就可以說是「出乎義務」；同樣是一個富人捐錢給孤兒院，但是他的目的是爲了贏得社會的良好聲譽，即使他的行爲符合道德，但卻不能算是眞正的道德，這樣的行爲頂多是「合乎義務」。從這裡可以看得出來，您對道德的要求非常嚴苛，並非所有遵守道德規範的人，就是有道德之人，而必須是打從心底做道德上對的事情，且不是爲了其他原因、條件而行善，如此才是眞正的有道德之人。

無條件地服從道德原則

您相信，道德的世界如同物理的世界一樣，具有普遍的法則，道德法則或善的法則是客觀存在的，對於人有義務做道德上對的事情，您認爲就好像上帝對我們發號施令一樣，是不能、無法拒絕的，我們必須無條件服從，您稱之爲「定然律令」（categorical imperative）。[48]「定然律令」不像一般的律令，一般的律令如老闆命令員工、軍官對士兵發號施令等，都是有條件的。員工會聽老闆的命令可能是看在薪水的分上，士兵服從軍官的軍令可能是基於不要被軍紀懲罰，但「定然律令」不一樣，它具有絕對性、必然性，我們不是基於什麼目的、意圖、慾望來服從它，純粹因爲它是道德的要求。對比之下，若我們是基於某些條件或爲了達到某些目的，又或者是爲了滿足自己的慾望而去

做某件事情，那麼這事情對我們的要求就稱之爲「假然律令」
（hypothetical imperative）。[49]

無論是「定然律令」或「假然律令」，都是一種實踐原則，而在我們日常生活中，我們會去實踐某些事情或對某件事情採取行動，大部分情況下都屬「假然律令」。如我吃飯是爲了塡飽我的肚子、我上學是爲了吸收知識、我在嘉義坐火車是爲了抵達臺北等等，在這種情況下，「吃飯」、「上學」、「在嘉義坐火車」只是一種「手段」而已，我的「目的」是「塡飽肚子」、「吸收知識」、「抵達臺北」。不過，您相當堅持，眞正的道德不是一種手段，道德自身就是目的，因此它對我們的要求是定然、絕對的。若今天有人行善只是爲了博得眾人的掌聲，這時候行善就成爲了手段或工具，因爲他眞正的目的是要博得眾人的掌聲，道德對他的要求就不是定然的，而是假然的。

理性賦予了我們實踐道德的能力

我曾經非常好奇地詢問您，如何保證道德對每個人來說都是「定然律令」而不是「假然律令」呢？您告訴我，您對人性還是抱持很高的期望，您認爲人的本質是理性的，理性的思考可以幫助我們純粹基於義務而行善。當然，您區分了兩種理性，一種叫「純粹理性」，另一種叫「實踐理性」。在知識領域裡，數學、邏輯學、科學都是非常堅實的學問，除了能夠客觀驗證之外，還

能按照一定的推理步驟、操作程序來尋找正確的答案。了解事物的性質、因果關係、空間、時間等，都仰賴人的純粹理性。而在道德領域裡，關於道德的實踐，則必須仰賴人的實踐理性。

純粹理性幫助我們掌握知識；實踐理性則幫助我們掌握真正的道德，畢竟倫理學不只是空談而已，它必須是在行動上實踐的。您強調，雖然道德法則是客觀的存在，但它不是一種他律或外在規範，而是關聯到人的自由意志，也就是說，人不是純粹「被逼迫」要求實踐道德，而是道德法則原本就內在於人的意志裡，因此是自律的。

我知道您區分了「自律倫理學」與「他律倫理學」，前者是指道德的實踐出於人的本心或自由意志，並非外在的強制力要求人去實踐；而後者恰好相反，是指外在的力量強制人去實踐道德，實踐道德不一定出於本人的意願。您說過，您的倫理學是自律的，跟其他的他律倫理學不一樣。人的實踐理性會表現在自由意志裡，它是一種善的意志，能夠做出正確的道德判斷，或者說，我所做出的道德判斷會與客觀的道德法則一致，故實踐理性是一種「自我立法」。也就是說，人與生俱來的善的意志能夠自我立法，做出正確的道德判斷。

理性才能確保道德是客觀普遍的

據上所述，實踐道德是我們身為人的義務，而義務又是「定

然律令」的要求，我們必須無條件地服從，但是這裡所謂的「服從」是指義務對我們具有的強制力，這樣的強制力其實也是出自我們自己的自由意志。我記得我當時還是感到疑惑，就詢問您，我們如何知道我們做出的道德判斷一定是適用當下的情境呢？您說，這是一個好問題，於是又告訴了我道德判斷必須是普遍的，而且適用於每個人。道德不會因為不同地域、文化、歷史、族群而有所不同；也不會因為每個人的喜好、厭惡、個性、處境的差異而有所不同。

有一些哲學家認為，道德是人的內在情感或慾望的展現，我們會做某件好事幫助別人，是因為我們在情感或慾望上就想要做這件事情，如同我肚子餓了想要吃飯是一樣的。您反對這種道德觀，因為每個人的好惡都不同，對於同一件事情，有些人喜歡做，有些人不喜歡做，例如說謊。說謊是道德上錯的事情，但不是每個人都討厭說謊，若道德上的對錯取決於人的內在情感或慾望，就會變成對那些喜歡說謊的人來說，說謊是道德上對的。如此一來，說謊對某些人而言是錯的，對某些人而言是對的，道德不具有客觀、普遍性。您認為，為了確保道德的客觀、普遍性，道德不應該是由個人的喜好、慾望來決定的。

若人人可以多發揮理性去思索道德，那麼不同文化背景、個性喜好、年齡性別的人都會得出相同的道德判斷。我記得有人詢問過您，其實在日常生活裡，絕大部分的人都知道什麼是道德的行為，不可殺人、不可偷盜、不可搶劫、要守望相助、友愛、誠

實等等，但卻不是每個人都會實踐這些道德，也就是缺乏「動機」（motivation）[50] 去做對的事情。那麼，要如何確保每個人都有實踐道德的動機呢？有哲學家認爲，實踐道德的動機恰好來自我們的道德情感，因此培養道德情感很重要。您雖然不反對道德情感對於實踐道德是有幫助的，但卻認爲那不是最關鍵的理由，最重要的還是因爲道德對我們而言是一種義務，如同上帝的命令般，我們必須要去服從、實踐。而道德情感扮演的角色僅僅只是對道德法則的敬畏，道德法則就像上帝的命令般具有某種莊嚴，會令我們產生一種敬畏之情，這份敬畏之情會幫助我們產生動力去實踐義務。

您非常強調一點，正是因爲道德實踐不依賴人的喜好，即使某些道德上對的事情我們並不喜歡去做，但我們還是必須要去做，這樣一來反而更顯得人之所以爲人的莊嚴和偉大。[51] 這也可以說明爲何很多偉人會犧牲自己的利益、性命去成全其他人。這些我們所讚揚的人，他們犧牲自己的利益、性命並不是他們喜歡做的，但基於道德，他們還是選擇自我奉獻，因此眞正的道德是超越人的情感、慾望、經驗的。乍看之下，您所強調的義務，彷彿是外加在人身上的強制力，不過恰好相反，您相信人的實踐理性可以確保人有善的意志，善的意志也是自由意志，人會在有自由選擇爲善或爲惡的情況下仍然選擇爲善，因此道德法則不僅是客觀的，同時也是主觀的自我立法，只是這樣的一個主觀的自我立法不是任意的，它必須也是客觀的。

一個理性的人，怎麼知道自己的思考就一定是道德的呢？

那麼，我們要如何用我們的理性去思考道德上對的事情呢？您提出了兩點來說明，第一點是人即「目的自身」（the end in itself）。也就是說，人的存在自身就是目的，[52] 我們不能只是把他人當做工具或手段來看待，只把他人當做工具或手段來看的典型例子就是奴隸。奴隸被看作是一種僅僅服務主人或僱主的身分，自身不具有任何的存在價值。在社會的分工裡，人與人之間難免有時候要把對方當做工具，例如我坐計程車到火車站，計程車司機就是幫助我抵達火車站的工具，但我們不能只是把別人當作看工具來看待，同時也必須把別人視爲目的的存在，如此一來才會尊重他人。[53]

第二點是「格律」（maxim）[54] 和「普遍原則」（universal law），格律是主體採取判斷和行動的依據，而普遍原則是該行動的依據必須普遍適合所有人。一個道德的行動必須同時滿足格律和普遍原則。您告訴我們，道德的行動就是：「只依據你同時希望它能成爲一項普遍原則的格律來行動。」也就是說，若我採取行動所依據的格律，我並不想要它可以普遍化，那這個行動就不是道德的；反之，若我希望它可以普遍化，希望每個人都可以這麼做，那這個行動就是道德的。

舉個例子，一個強盜打劫，他所依據的格律可能是「想要不

勞而獲」，那麼他不會希望他的格律可以普遍化，因爲這樣一來別人可能會基於相同的行動依據來打劫他；反之，我看到別人跌倒的時候我扶他一把，背後依據的格律可能是「助人原則」，這樣的格律我會希望可以普遍化，讓每個人都成爲幫助別人的人。打劫和扶人一把的行動，背後都有依據的格律，前者是行爲主體不希望他的格律會被普遍化，後者是行爲主體希望他的格律會被普遍化，您主張後者才是道德的行動，而我們也應該只依據可以被普遍化的格律來行動。

從女性角度出發的關懷倫理學

若人類的社會可以做到上述的兩點，把每個人都視爲「目的自身」，而且行動都滿足格律和普遍原則，那麼這就是您理想的道德國度或目的王國，[55] 也是您《論永久和平》這本著作所希望達到的世界和平的理想。您所建立的道德理想和對世界和平的胸襟，如今都深深打動了我，可是慢慢的我發現，人類採取道德的眞實情況並非如您所說的，我們似乎不容易找到可以一體適用每個人、每種情況下的普遍原則，這讓我對您開始產生疏離的感覺。我的感覺其來有自，在 20 世紀下半葉，出現了一支以女性主義爲視角所發展出來的「關懷倫理學」（ethics of care），關懷倫理學對於奠基於實踐理性的道德人格採取了批判，該倫理學的開創鼻祖吉利根（Gilligan）認爲，並非所有成熟的道德人

格所考慮的道德判斷都是一體適用的普遍原則，那是男性的道德觀。而女性的道德觀則是考慮個別情境下的他人與我的關係，並據此做出最有利於他人與自我的道德判斷。換句話，女性道德思慮的對象不僅僅是他人而已，而是同時把他人與自我都一併納入考量，當中也會涉及到自我與他人的關係。

要求每個人都大公無私，是不是違反了人性呢？

對比於關懷倫理學，以您為代表的公正倫理學（ethics of justice）強調道德無私和道德普遍，而關懷倫理學則剛好相反，主張道德等差和道德個別。所謂的道德無私是指大公無私地對每個人都一視同仁，不管是親疏，都具有相同分量的義務，而道德普遍則是主張有一個可以普遍化的道德原則；至於道德等差是指人對每個人的義務比重會因關係的親疏而有別，道德個別是指無法找到一個普遍適用的道德原則，我們只能就個別的道德情境做出道德判斷。

在我看來，關懷倫理學的道德觀不只是適用於女性，男性也適用。很多真實情況下，我們不可能對每個人都一視同仁，對於我們不認識或不熟悉的人群，或許對待他們的方式不會有太大的差別，可是一旦是跟自己熟悉或親近的人比較，基本上我們還是會以跟我們比較親近的人為優先考量。我的兒子和別人家的兒子掉落水裡，我一定是優先救自己的兒子，這種情形不會因為行動

者的性別而有不同。在日常生活的脈絡裡，我們也很難想像父母會對別人家孩子的關心多於自己的孩子，正常情況一定是父母比較關心自己家的孩子。

同樣的，我們對自己家鄰居的道德義務，一定遠大於在印度挨餓的兒童。公正倫理學可能認為，大義滅親是道德上值得嘉許的行為，但這一點都不符合人性。[56] 另外，面對許多道德兩難的處境，我們也不容易歸納出一條人人都接受的道德原則，如依據「誠實原則」，不可說謊是對的，但某些情況下，例如有朋友即將被迫害而逃到你家，而追殺的人跑來你家詢問你有沒有看到你的朋友，這時候我們會認為，為了保護自己的朋友免於被殺而選擇說謊是可以接受的，但您在〈論一項出於人類之愛而說謊之假想的權利〉這篇文章中，堅持認為即使是在那種情況下都不可以說謊，這樣的一種堅持讓我覺得有點難以接受。

近些年，我慢慢接受關懷倫理學的主張，我們必須在個別的具體情境下做出道德判斷，而不是僅僅用抽象的道德原則來推論出道德判斷。

不管如何，感謝您多年的教誨，而關懷倫理學對您提出的挑戰，已成為了我經常思考的問題。

進階閱讀推薦書單

1. 李明輝，2018，《儒家與康德》，臺北：聯經出版公司。
2. 弗雷德里克‧洛皮著、李瑜譯，2019，《經典導讀：論康德《永

久和平論》》，臺北：開學文化。

3.Carol Gilligan 著、王雅各譯，2002，《不同的語音：心理學理論與女性發展》，臺北：心理出版社。

47. 倫理學 (ethics) 是哲學的一門領域，哲學上所說的倫理學一般是指「規範倫理學」 (normative ethics)。規範倫理學有三大理論，分別是亞里斯多德的「德行倫理學」(virtue ethics)、康德的「義務論倫理學」(deontological ethics) 以及「目的論倫理學」(teleological ethics)。

48. 也有譯作「定言令式」、「絕對律令」、「無上命令」

49. 也有譯作「假言令式」。

50. 又可譯為「動力」。

51. 若一個人實踐道德本身就是他喜歡做的事情，那麼我們可能會說他只是做他喜歡的事情，這並沒有多了不起。

52. 也可理解為人的存在就具有自身的價值，而且這種價值是不依附在其他價值之下。

53. 康德提出的人即「目的自身」的看法，也影響了後來發展出「人性尊嚴」(human dignity) 的概念。在 20 世紀中葉以後，人性尊嚴成為了捍衛人權和民主國家立法保障人民權利的基礎。如《世界人權宣言》和德國的《基本法》都明列條目說明人性尊嚴應該受到平等看待與不容侵犯。

54. 又譯為「格準」。

55. 康德：「我所謂『一個王國』，是指不同的有理性者藉共同法則所形成的有秩序的結合。……我們將能設想一切目的依秩序結合成的一個整體，亦即一個目的底王國。」康德著、李明輝譯：《道德底形上學之基礎》（臺北：聯經出版公司，1990），頁 58。

56. 臺灣《刑事訴訟法》第 180 條規定，現任或過去曾與被告是配偶、三等親的血親家屬，可以拒絕出庭作證，這是相當人性化的法規。

談臺灣哲學，
是我學著讓自己的思索貼近需求
——給中國哲學的分手信

蘇子媖

我所認為的臺灣哲學？

臺灣哲學的討論，是因爲中研院洪子偉先生的計畫而帶起的，近三年討論風潮。

但，什麼是「臺灣哲學」？是關乎臺灣在地現象的哲學研究？還是臺灣人研究的哲學呢？或是洪子偉先生提出的在「臺灣」研究「哲學」的人？

這三者的分別是，臺灣在地現象的哲學研究，是只在意研究方向與領域（與在地關聯的哲學研究），而不在意研究者身分；臺灣人研究的哲學，是在意研究者身分，但不在意研究方向；則最後，在「臺灣」研究「哲學」的人，是同時在意身分與研究領域，但不見得與在地相關。

對我來說，洪子偉先生提出的「臺灣哲學」是指在「臺灣」研究「哲學」的人，關於這樣的解釋我並不認同。在他所主編的兩本書關於臺灣哲學的書[132] 中，〈日治時期臺灣哲學系譜與分期〉提到：「本文對臺灣哲學家的定義可分別從『臺灣』與『哲學家』加以說明：一方面，臺灣「哲學家」是指以（上述定義之）哲學爲工具從事相關論述與改革運動者。另一方面，對『臺灣』哲學家是採取屬人而非屬地認定。故並非所有居住在『臺灣』的『哲學家』都是臺灣哲學家，而是將臺灣總督府戶籍五大族別中的日本人排除在臺籍之外。是故，長年在臺北帝國大學哲學科任教，戰後更一度留任臺灣大學的淡野安太郎不符此範圍，但大半

輩子在外飄泊，終致客死異鄉的廖文奎確屬之。」[133] 因爲這樣的分法，以至於所謂的臺灣哲學其實包含了：歐陸—日本哲學、美國實用主義、基督宗教哲學與漢學等四大派。

在我看來，這四大派並不能整體形構出臺灣哲學的識別度，頂多算是「在臺灣，然後研究這些領域的學者」。臺灣哲學之所以要有可以獨立於中國哲學價值而存在，就必須有他強烈的識別度，這識別度就像提到中國哲學你會直覺聯想「儒、釋、道」三領域的研究。

因此臺灣哲學應該要在「內容上」提出可是識別的研究元素，只要是具備此研究元素，都可稱之爲對臺灣哲學的研究。

什麼是臺灣哲學的識別元素？

因此，什麼是臺灣哲學的識別元素成爲一個重要的問題！

臺北藝術大學博物館研究所副教授，廖仁義表示：「臺灣哲學一開始就不是一種囿於學院藩籬的觀念推演，而是源自於民間尋找反支配思想的需求。」[134] 換句話說，「民間趨向」是形塑臺灣哲學的重要關鍵點。

因此，要研究臺灣哲學，我認爲其中必須帶有很強的「地域性」反思特質。地域性特質比較明顯是在對文學的表現上，譬如《詩經》是中國黃河流域的平民文學，其文風特色是「質樸寫實，溫柔敦厚」；《楚辭》則是長江流域士大夫文學，其文風特色是

「浪漫神祕；熱烈奔放」。

而在思想上地域性的分別，就儒學而言，南宋時期可以說是發展到了一個明確的頂峰，而有「儒分為八」的說法[135]；認為儒家思想因為所處地的不同，而在同一概念的解釋下形成「同中有異」的詮釋。但後來由於科舉制度的普及與程朱之學緊密扣連科舉考試的關係，致使儒學思想的地域性逐漸淡化。

而臺灣鄰近福建省，在學術發展上，受到當時明清時期科舉考試的影響，致使朱子學說對臺灣儒學的教育產生一定程度的影響，而這影響一直到十九世紀下半葉還是歷久不衰。[136]朱子儒學融入於臺灣民間的影響可由臺灣文廟、書院祭祀的朱子像與碑文中看出。但有趣的是，原本單純學理的程朱思想，卻在臺灣這塊土地上加入了信仰與文昌帝君的道教色彩。臺灣大學中文學系教授，陳昭瑛指出：「十三篇碑文中另一值得注意的重點是表現崇祀文昌帝君和崇祀正統儒學之間的緊張性。」[137]我們可以推測，這樣的緊張可能來自於在科舉制度的功利主義下，百姓在心態上信仰的寄託；以至於在理論學習之餘，因為有所求（科考），讓信仰彌補了人性面對慾望時的懦弱。

換句話說，臺灣哲學的研究元素或許必須把地域性的文化特質納入；以儒學來說，所彰顯出來的特質應是朱子學、文昌信仰、儒家道統意識相混雜而生出的某種草根性關懷。而英美哲學、歐陸哲學、日本哲學若要放入臺灣場域的脈絡下討論，也不應該是純然的英美、歐陸、日本哲學思想，而是會混雜臺灣具有實踐反

思、在地關懷的本土反思性色彩而帶出來的理論闡述。

在思想上，這樣的「本土轉化」，是同時也將中國哲學視爲與西方哲學一樣的異於己，而所產生出來的在地性思想特色，換句話說，它的討論起始點是很全面的包含或是借用各個現有哲學派別的養分，回頭扣連回臺灣所處環境與地域現況，所進行思索的討論。

對臺灣來說，具體所處的外在處境，其實必須與所處太平洋戰略位子，所延伸出的中美關係與東亞文化、南島文化相扣連。這些理解除了是討論臺灣哲學必須要有的先備知識外，就其內在軟性精神而言，「重農」所帶出的草根性特質，卻也是我們所不能忽略的。

臺灣地處於亞熱帶，稻米一年可三獲，稻米成爲臺灣最主要的飲食與來源，故在家庭型制與社會結構上很自然的符合以農爲重的生活模式。而臺灣重農的思想剛好可以發揮儒家孟子所提倡，恢復井田制度中「出入相友，守望相助，疾病相扶持，百姓親睦」的儒家精神；臺灣師範大學地理系教授，潘朝陽表示：「在孔孟朱子一脈相承的儒家養教一體雙彰的農耕思想和體制下，明鄭及清代渡臺儒吏、儒士都是以相同的儒家重農理想而施作其在臺農耕。此種重農的儒家農本主義，在日據時代的臺灣儒者思想中是一個重要的成分。」[138] 而農耕精神特別可以由中國儒家思想中「孝」、「仁」、「愛」、「敬」的原則來理解；「敬」天地——因爲很踏實的付出（農耕），所以能很眞切的敬重天地對

於這片土地的照護。「愛」家──耕作不可能由一個完成，透過家族群聚的方式共同經營，更珍惜血緣的互助關係。「孝」父母──看著上一輩農耕的過程，到了自己承擔工作時，會更體恤上一輩的辛勞。「仁」──推擴血緣的互助關係到鄰里間，相互扶持，發展出一個有著共同農耕語言的小社會。

所以，潘朝陽認為「誠以利其志」（「誠」對心志培養是很好的；用對自己真誠、對他人真誠態度，來鍛鍊心志）的儒門常道慧命，在臺灣重農的情況下，逐漸成為臺灣文化主體的傳統。[139]

故在農業文化的環境中，間接使得「誠」成為臺灣在地文化的思考基；帶出了在臺灣，人際相扣連的重要特色。相較於中國大陸因為共產主義所延伸出去的競爭型教育對照，臺灣人的確以一種更樂天知命，相容互惠的方式來看待人生。

想跟中國哲學分手

作為一個喜歡儒家，且受夠專業儒家經典訓練的我來說，想跟中國哲學分手並不容易。

回想博士後半期的思想轉折，我其實一直在問自己一個問題：「我到底在意什麼？」是想跳入中國哲學的研究大坑，兢兢業業的研究，為謀求一教職；還是擁抱我所在意但為人關注甚少的，臺灣在地所延伸議題的研究，然後用自己的儒學專業與其相

扣連，不抱任何人大腿，舒舒坦坦的做自己。

我到底在意什麼呢？

臺灣哲學與中國哲學的差異？

中國文化研究學者，沈清松先生由連雅堂所著的《臺灣通史》總結臺灣精神為：(1) 追遠報本之精神與多元開放之對比；(2) 既能保存又能進取的務實精神；(3) 敦厚的禮俗與不足藝文之對比（文史哲之不足）。[140] 我認為在沈清松的說明中，關於追遠報本的觀點是源於儒家「孝、悌」的精神與對祖先的敬重，在此之上他還點出了臺灣人包容的心態；第二點凸顯出臺灣農家的堅忍精神與刻苦務實的做事風格；第三點同樣源自於儒家對於傳統的保存，但卻也同時說明了臺灣不管是在殖民時期或光復後，以經濟為導向發展所帶出來的文化缺失。而這總結在臺灣文化的形塑脈絡下是有跡可循的。

相較於地域性特質濃厚的臺灣哲學，中國哲學則大範圍的涵括「儒、釋、道」三大區塊。由於我本身是研究儒家哲學，我就單以儒家哲學做比較說明。

搜尋論說傳統儒家的精神的文章何其繁多，我基本上認同中國哲學研究學者，吳汝鈞給出「一以貫之」的統整性的說明，他認為：「當代新儒學甚至儒學本身的理論立場是實體主義，其核心觀念是絕對的有，但個人說法不同：孔子說仁，孟子說心性天（盡心知性知天），周濂溪說誠體，張橫渠說太虛，程明道說天

理，朱子說理，陸象山說本心，王陽明說良知，劉蕺山說誠意，以至於熊十力說本體，唐君毅說道德理性，牟宗三說知體明覺。這些不同點只是在分際、入路、所強調的重點的脈絡下不同而已，個人所提出的觀念，都可以概括於實體或絕對有這一個基源的觀念之中。」[141] 雖然說此段文字的脈絡是把儒家思想與京都學派的「絕對的有」的脈絡進行對比論說，但在此仍有可參考價值，特別是歸結出由孔子思想一貫至牟宗三先生思想的「基源」的把握，讓我們能清楚理解中國儒學的脈絡。由此反觀臺灣儒學，可以看到的是，相對於臺灣強調的「孝、悌」與實務的精神，中國哲學在研究上，面對人與天地、人與人的反思還是較為「抽象」的。

分手理由

在各方面發展成熟的中國哲學，經過漫長時間的陶冶精煉，已經發展到對於「全體精神性」的關懷與討論。相較才剛發展，帶有重農文化所發展出的臺灣哲學，臺灣哲學是相對「庶民」的，但也因為它「庶民」，所以它所關懷的往往非常貼近人性；就像比起國家大事，或許隔壁鄰居的婆媽事更能勾起你的興趣與在意。而這樣貼近人性的關注，往往能帶出深刻的思索。

而「哲學」就是一種「思索」的態度；是你在面對各類物種、事物所延伸出來方方面面的好奇與探求。

因此我想跟中國哲學分手的最重要原因，必須回到「我所在

意是什麼？」的思考；我所在意的是，如何讓自己的思索貼近需求。想要貼近需求就不能沒有物件附著的憑空談起，而這樣的物件連結必須符合我的時代、場域樣態。

　　當代談中國哲學的連結點太抽象，即便試圖連結現今科技、民主樣貌，都顯得「隔空搔癢」。這樣的缺失，很大一部分的原因是當今中國哲學研究者都不是那個跨領域專家，不是那個跨領域的專家卻想試圖給出那個領域的倫理建議；這些建議若要被接受其實不是時間的問題，而是領域專業的能力問題。

　　若是不呼應當代需求，回頭對中國哲學家的個別理論進行深究，或是進行理論間的比較研究，我只想問你兩個問題，「你是跟王陽明吃過麵，很熟嗎？」還有「你研究這個除了自 high 跟升等，對我們有什麼意義？」

　　因為我無法表示我跟孔子，或任何一個儒家學者吃過麵，能讓他們的理論在我的詮釋下妥當不失真；我也無法瞎搞的跨領域亂連結，開展出新的議題研究；更而甚者，自私的自 high 研究。故從我所在的土地，紮紮實實的觀察與思索是我認為我當前可以做，且能夠寫出對自己負責的文字。

　　因此，真誠的面對自己，在思想的研究上，反照內心需求與在意，對自己負責也對觀看我文字的人負責，是我之所以跟中國哲學分手，跟臺灣哲學牽手的原因。

臺灣哲學研究的學者有哪些？

如果依據我前面所認爲，並非在「臺灣」研究「哲學」的人，都可以歸於臺灣哲學的研究，而是必須在「內容上」對臺灣場域與處境進行反思的哲學研究者，其成果才能歸於臺灣哲學的話，可以列出來的臺灣哲學研究者並不多。

我認爲：1903 年出生，積極打造臺灣主體性，撰寫〈以風土文化觀：和臺灣風土之間的關聯〉的洪耀勳 [142]；同樣 1903 年出生，批判早期臺灣佛教的林秋悟 [143]；1905 年出生，處理臺灣民族主義的廖文奎 [144]；1887 年出生，臺灣民主主義的教育提倡者林茂生 [145]；在其美國哥倫比亞大學哲學博士論文中就對臺灣的教育的論說，扣連地域性給予臺灣一體性的發展交代。1919 年出生，以自由主義反對黨化教育的殷海光；1906 年出生，將臺灣作爲中國社會文化研究室而進行反思的陳紹馨 [146]；致力於臺灣儒學研究的，現今臺灣大學文學系教授，陳昭瑛；以客家文化進行儒學地域性反思，師大地理系教授，潘朝陽；致力於東亞文化與研究，近年轉入東亞儒學的臺灣大學特聘講座教授，黃俊傑；致力於儒學與臺灣民間信仰闡釋的元智大學中語系，鍾雲鶯教授；2012 年由臺灣大學文學院所成立的「知識／臺灣研究群」等三十位研究學者 [147]，可以算是目前可列爲臺灣哲學研究者的行列之中。

為何要關注臺灣哲學？

雖然我不同意洪子偉對於臺灣哲學的界定，但我對他於〈日治時期臺灣哲學系譜與分期〉提到的臺灣哲學早期發展特質還是肯認的。在當時日本殖民影響、美國文化的崇拜、中國五四運動的反思、帝俄政權垮臺……等等國際文化交織的情況下，早期臺灣哲學家的確都帶有「對自身存有問題」的關注與「運動實踐」的特質 148，也是因為這特質，使得臺灣哲學與中國哲學所關注的重點很不一樣，因此才有它開發與理解的價值。

臺灣哲學的重視與討論，從 1887 年的林茂生先生至此時 2020 年，我依然覺得真正的臺灣哲學樣貌還沒有清楚的被建立起來。在臺灣有不少學者研究哲學，但也僅是「人在臺灣」，研究英美、歐陸、中國、日韓哲學而已，就像我不會劃歸新儒家的牟宗三先生是臺灣哲學研究者一樣；即便連同我自身，也只是在臺灣，但研究中國哲學的哲學人而已。

從文章一開始我就提到，對於臺灣哲學的研究者，有很強的標誌性劃分：必須以臺灣地域性的文化特質與所面對的處境，透過其他的哲學學派的理論基礎，對於這片土地進行特有的反思才稱得上是研究臺灣哲學的哲學家。

因此，臺灣哲學還不成熟。

這種「近鄉情怯」，只想迴避離自己最近的問題，而去研究其他哲學理論的心情，有點像 2009 年黃信堯 149 導演拍攝的《沉

沒之島》紀錄片一樣；導演跑到與臺灣關係不錯卻遙遠的吐瓦魯去拍關於地球暖化，海平面上升的紀錄片，以此來探討環境保育的重要。導演本以為這對一個因為地球暖化而受苦的小島，應該是個很重要的問題，卻在到了當地之後，看到了和平、不擔憂的島民時常常回想起臺灣的狀況，回想起經歷 88 風災的家鄉。在影片的最後，導演的結論令人印象深刻，他口白自敘：「像我大老遠跑到吐瓦魯說要拍一部有關海平面上升的記錄片，但自己家鄉面對每個月一次大潮的淹水情況時卻莫可奈何；88 風災時，我的村莊也淹水了，但卻跑到別的縣市說要去拍記錄片。是不是當自己自身的問題大到沒辦法解決時，出去別的地方看看別人的困難，感覺好像會輕鬆些。」像這樣「處理別人的問題比較輕鬆的心情」，在現實環境中常遇到，在文化反思中也一樣；當對自身存有沒辦法釐清的時候，我們何嘗不是把評論、探索眼光轉之於其他國家、其他時空，好像自己對世界還能做點什麼，疏不知這只是一種「近鄉情怯」的迴避。

我認為，臺灣哲學還不成熟沒關係，研究者們「近鄉情怯」的心理狀態也可以理解。就像中國哲學，在先秦諸子百家之時，儒家也非明確獨大，是經過先秦至漢代約 400 多年的時間，因為政治推力有機會成為獨尊。臺灣哲學以洪子偉劃分的啟蒙時期 1896 年起算 [150]，至今也不過 200 年不到；在我看來這自我肯認的路還很長。

也是因為如此，我才提出這分手文，並想藉此提出我對臺灣

哲學的定義看法：臺灣哲學不是不能談英美、歐陸、中國、日韓哲學，而是如何在其他哲學的研究中回扣到臺灣所面對場域、處境的思索，這才是臺灣哲學的重點，也是讓臺灣哲學在東亞這塊地區能夠形構出自己哲學價值的努力方向。

所以臺灣哲學絕對不是一種政治立場的表態，而是我對出身地文化的肯認與關懷，最少真誠的讓自己的思索貼近場域需求。因此，我才想跟中國哲學分手，但帶著中國哲學給予我專業的養分，轉而投入臺灣儒學的研究；我可能活不到百年之後，但這臺灣哲學元素形塑過程中絕對不會少我一位。

進階閱讀推薦書單

1. 潘朝陽，2001/10，《明清臺灣儒學論》，臺北市：臺灣學生書局，初版。

2. 潘朝陽，2008，《臺灣儒學的傳統與現代》，臺北市：臺灣大學出版中心，初版。

3. 潘朝陽，2011/4，《儒家的環境空間思想與實踐》，臺北：臺灣大學出版中心，初版。

4. 黃俊傑，2006，《臺灣意識與臺灣文化》，臺北：臺灣大學出版中心，初版。

5. 陳昭瑛，1995，《臺灣文學與本土化運動》，臺北：正中書局，初版。

6. 陳昭瑛，1999/7，《臺灣與傳統文化》，臺北：臺灣書店，

初版。

7. 陳昭瑛，2000/3，〈臺灣儒學——起源、發展與轉化〉，臺北：正中書局，初版。

8. 洪子偉（主編），2016/2，《存在交涉：日治時期的臺灣哲學》，臺北：聯經出版。

9. 洪子偉（主編），2019/1，《啟蒙與反叛：臺灣哲學的百年浪潮》，臺北：臺灣大學出版中心，初版。

---

132. 《存在交涉：日治時期的臺灣哲學》，臺北：聯經出版，2016年。《啟蒙與反叛：臺灣哲學的百年浪潮》，臺北：國立臺灣大學，2019年。

133. 洪子偉，〈日治時期臺灣哲學系譜與分期〉，洪子偉（主編），《存在交涉：日治時期的臺灣哲學》，臺北：聯經出版，2016年，頁19。

134. 廖仁義，《異端觀點：戰後臺灣文化霸權的批判》，臺北：桂冠圖書，1990年，頁24。

135. 楊念群，《儒學地域化的近代型態—三大知識群體互動的比較研究》，頁81。

136. 陳昭瑛，《臺灣儒學—起源、發展與轉化》，臺北：國立臺灣大學出版社，2008年，頁67。

137. 陳昭瑛，《臺灣儒學—起源、發展與轉化》，臺北：國立臺灣大學出版社，2008年，頁151。

138. 潘朝陽，《儒家的環境空間思想與實踐》，臺北：臺灣大學出版中心，2011/4，初版，頁322。

139. 潘朝陽，《明清臺灣儒學論》，臺灣：臺灣學生書局，2001/10，初版，頁144。

140. 沈清松，《臺灣精神與文化發展》，臺北：臺灣商務印書館，2001/4，頁19-20。

141. 吳汝鈞，〈從當代新儒家、京都哲學到純粹動力現象學〉，周大興（主編），《理解、詮釋與儒家傳統：展望篇》，臺北：中央研究院中國文哲研究所，2009/7，初版，頁28

142. 廖欽彬，〈洪耀勳的真理論〉，洪子偉（主編），《存在交涉：日治時期的臺灣哲學》，臺北：聯經出版，2016年，頁119-139。https://zh.wikipedia.org/wiki/%E6%B4%AA%E8%80%80%E5%8B%B3

143. 嚴瑋泓，〈從「階級鬥爭」到「現世淨土」——論林秋梧批判早期臺灣佛教的方法與

目的〉，洪子偉（主編），《存在交涉：日治時期的臺灣哲學》，臺北：聯經出版，2016 年， 頁 141-165。https://zh.wikipedia.org/wiki/%E6%9E%97%E7%A7%8B%E6%A2%A7

144. 吳叡人，〈祖國的辯證——廖文奎（1905-1952）臺灣民族主義思想初探〉，洪子偉（主編），《存在交涉：日治時期的臺灣哲學》，臺北：聯經出版，2016 年，頁 191-234。https://zh.wikipedia.org/wiki/%E5%BB%96%E6%96%87%E5%A5%8E

145. 祝若穎，〈臺灣哲學之軌跡——林茂生的西方近代教育思想之探究〉，洪子偉（主編），《存在交涉：日治時期的臺灣哲學》，臺北：聯經出版，2016 年，頁 17。https://zh.wikipedia.org/wiki/%E6%9E%97%F.8%8C%82%E7%94%9F

146. 黃柏誠，〈陳紹馨的〈黑格爾市民社會理論的成立〉一文與「作為中國社會文化研究實驗室的臺灣」之概念〉，洪子偉、鄧敦民（主編），《存在交涉：日治時期的臺灣哲學》，臺北：國立臺灣大學出版中心，2018 年，頁 205-257。https://zh.wikipedia.org/wiki/%E6%AE%B7%E6%B5%B7%E5%85%89

147. 洪子偉、高君和，〈誰的哲學，如何百年？臺灣哲學的過去與未來〉，洪子偉、鄧敦民（主編），《存在交涉：日治時期的臺灣哲學》，臺北：國立臺灣大學出版中心，2018 年，頁 42。https://zh.wikipedia.org/wiki/%E9%99%B3%E7%B4%B9%E9%A6%A8

148. 洪子偉，〈日治時期臺灣哲學系譜與分期〉，洪子偉（主編），《存在交涉：日治時期的臺灣哲學》，臺北：聯經出版，2016 年，頁 17。

149. https://zh.wikipedia.org/wiki/%E9%BB%83%E4%BF%A1%E5%A0%AF

150. 洪子偉，〈日治時期臺灣哲學系譜與分期〉，洪子偉（主編），《存在交涉：日治時期的臺灣哲學》，臺北：聯經出版，2016 年，頁 19。

從柏拉圖主義
到創造論的音樂作品存有學
──給柏拉圖主義的分手信

許昊仁

某個晚上，你和朋友一起參加久石讓的音樂會。你們剛從國家音樂廳走出來，還在回味久石讓的管弦樂作品，你對朋友讚嘆道：「久石讓真厲害，創造了這麼多優秀的作品！」很不巧，你的朋友是一位哲學家。他回應說：「我同意久石讓十分優秀，但我認為音樂作品不是被創造的。不要誤會，我不是針對久石讓；我是說，全部的音樂作品都不是被創造的。」

　　你可能不相信，這個立場竟然是音樂存有學的主流觀點之一。哲學家之所以認為音樂作品不是被人給創造出來的，是因為我們有三個強力直覺，但這些直覺不可能同時為真。第一個直覺當然是「音樂作品是被創造的」，而另外兩個直覺看起來比較「哲學」，需要解釋一下。它們分別是「音樂作品是抽象事物」以及「抽象事物無法被創造」。

　　首先，說「音樂作品是抽象事物」，意思是：音樂作品不是具體事物。但什麼是抽象事物和具體事物？要區分這兩種事物，有不少準則可用（而且就像哲學中大部分的「準則」一樣，一定有人反對！）。最簡單的準則是，看看一個東西是否可能同時出現在不同的地方。如果一個東西無法同時出現在不同的地方，它就是具體事物。例如，你的俄羅斯藍貓和被牠玩壞的電動老鼠都是具體事物。你不可能在家裡逗貓的同時，說同一隻貓也出現在大安森林公園裡。不過，具體事物不見得是看得到、摸得著的東西。在這個準則下，由於一次音樂演奏無法同時出現在不同的地方，它也被歸類為具體事物。

相反，一個抽象事物——例如性質、命題和數學物件——可以同時出現在不同的地方。就拿「紅」這個性質為例，它藉由任一紅色事物展現出來，只要世界上存在超過一個紅色事物，不管那些東西在哪裡，紅都同時藉由它們展現出來。在這個意義上，音樂作品就像紅。你在國家音樂廳欣賞久石讓音樂會的同時，在世界各地的演奏廳、練習室、廣播電臺或網路串流中，《神隱少女》交響組曲這件作品**本身**都透過每一次具體的演奏或回放展現了出來。一件音樂作品可以同時出現在不同的地方，因此，音樂作品是抽象事物。

其次，和音樂作品的抽象性有關，我們有「抽象事物無法被創造」的直覺。再以紅為例吧。紅似乎是非時空的，原因在於，雖然它出現在許多地方，但它並不占據任何空間（在空間之外）。而且，即使世界上還沒有或未曾有過紅色事物，紅似乎仍然存在，只是沒有東西能展現它（在時間之外）。「非時空」有一個更通俗的說法，那就是「永恆」。永恆之物不生不滅，當然也無法被創造，這是我們的第三個直覺。

看似無害的直覺居然會導致邏輯爆炸

讓我們整理一下，大多數人有以下三個強力直覺：

（A）音樂作品是被創造的。

(B) 音樂作品是抽象事物。

(C) 抽象事物無法被創造。

　　但這件事並不單純，因為這三個直覺不可能同時正確！如果我們接受 (A) 和 (C)（意思是：抽象事物無法被創造，而音樂作品是被創造的，因此不是抽象事物），就被迫拒絕 (B)，說音樂作品其實是具體事物。如果接受 (A) 和 (B)（意思是：音樂作品是抽象事物，而且是被創造的），勢必得放棄 (C)，說（至少有一些）抽象事物是可以被創造的。最後，如果接受 (B) 和 (C)（意思是：音樂作品是抽象事物，而且無法被創造），就要忍痛放棄 (A)，說音樂作品無法被創造。

　　上面三個方案大致對應當代音樂存有學中的三種角色，他們在音樂作品的存在方式上意見相左。柏拉圖主義者放棄 (A)，因為音樂作品就像古希臘哲學家柏拉圖所說的理型 (Idea)，理型是一種抽象的完美形式，無法被創造，而且永恆不變。唯名論者放棄 (B)，他們相信，抽象事物在音樂存有學中是多餘的，音樂作品的存在只要用具體事物就可以解釋清楚。採取這個立場，意謂音樂作品是具體事物，而只要是具體事物，就一定有其存在的開端。創造論者放棄 (C)，堅持音樂作品既是抽象事物，又是被創造出來的。但如果性質、命題和數學物件等抽象事物都無法被創造，憑什麼音樂作品可以？即使是藝術，也不應享有哲學上的特權。現在，你一定會問，既然有這麼多選項，為什麼你的哲學家

朋友會投靠柏拉圖主義？

當代音樂存有學中的唯名論

先來談談唯名論。唯名論者尼爾遜・古德曼 (Nelson Goodman) 認為，音樂作品是由特定的音樂記譜及其正確演奏所指謂的東西。相關的樂譜和演奏是一件音樂作品的「標籤」，就像音樂作品的「名字」一樣。由於古德曼主張抽象事物不存在，標籤底下並沒有一件叫做「音樂作品」的獨立存在物。當我們提及一件音樂作品時，除了樂譜和演奏的集合之外，沒有其他需要考慮的東西了。

可惜，這個說法問題不少。如果樂譜被燒毀了，音樂作品就不再存在了嗎？我們不會這樣說。那麼，音樂作品是全部演奏的集合嗎？似乎也不是。一方面，尚未得到演奏或不可能得到演奏的作品是一個空集合，由於所有符合上述條件的作品都是空集合，因此它們其實是同一件作品──這個結果令人難以接受。另一方面，只要還可能有新的演奏出現，一件音樂作品就不能說已經完成了，而且這個集合會越來越龐大，涉及數量極多的組成部分。事實上，當我說「我欣賞了蕭邦的《降 E 大調夜曲》」，這不只是表達「我欣賞了一場演奏」，也包含「我欣賞了一件已完成的、完整的作品」之意。

另外，我們可以想像，貝多芬《第九交響曲》的大部分演奏

包含一些錯誤的音符，面對這個事實，古德曼要麼得說《第九交響曲》包含錯誤的音符，要麼得說那些演奏都不是《第九交響曲》的演奏。這兩個說法都違反我們的直覺，使唯名論陷入兩難。

唯名論的方案鼓勵我們大幅改變思考音樂作品存在的方式，以及相關的日常語言表達。唯名論者致力於提供一套方法，說明如何將我們的日常語言轉換成符合唯名論的「真正表達」。然而，絕大多數哲學家相信有些涉及抽象事物的句子根本無法唯名化，因此至少存在某些抽象事物。要是至少存在一些抽象事物，唯名論的立場便值得懷疑了，所以，在最近的討論中，願意放棄（B）的哲學家較少。唯名論者暫時退場休息，剩下柏拉圖主義者和創造論者在場上對抗。

值得一提的是，雖然唯名論者不同意抽象事物存在，他們的主張仍可以藉由以下方式來理解：「抽象事物是這樣的事物：如果它存在，那麼它是無法被創造的」，他們只是不同意有這樣的事物存在。因此，儘管唯名論者認為音樂作品是被創造的，他可以同意柏拉圖主義者的部分觀點，即抽象事物（如果它真的存在）無法被創造。這相當於幫了柏拉圖主義者一把。

柏拉圖主義以悠久歷史和理論資源領跑

柏拉圖主義者認為音樂作品是抽象的聲響結構。結構要素當中包括音高、音色、時值、節奏、動態和重音等等，不同的柏拉

圖主義者對這些要素的取捨有不同意見，但他們都相信作爲抽象事物的聲響結構無法被創造。

按照先前的分類，如果你放棄 (A)，你就是柏拉圖主義者。你不僅認爲音樂作品是抽象事物，也同意抽象的音樂作品是永恆的，無論是人類、人工智能還是外星生物都無法創造音樂作品。這個立場不但是當今音樂存有學的主流之一，也有十分悠久的歷史，這一點可以從它的名稱「柏拉圖主義」得知。

朱利安・陶德 (Julian Dodd) 是當代最知名的柏拉圖主義者。他透過兩個理由，告訴我們應該謹守柏拉圖主義這一堅實的傳統。第一個理由是，柏拉圖式的理論告訴我們抽象事物是永恆的、無法被創造，這個理論一直運作得很好，不像唯名論那樣會給我們帶來明顯的麻煩。第二個理由是奧坎剃刀，即在理論上「保持簡潔」的原則。如果非得說音樂作品是被創造的，我們勢必要在存有學中新增「被創造的抽象事物」這個範疇，但這樣一來便違反了奧坎剃刀原則。

一旦你開始涉足哲學史，支持柏拉圖主義就沒表面上看起來那麼困難。音樂作品和其他抽象事物沒什麼不同，都是非時空的，只有它們的具體個例才和時空有關。音樂作品的個例是你在現場演奏或回放中聽到的東西，而它們所屬的作品會在那些演奏或回放中展現出來。柏拉圖主義是個一致的理論，解釋了抽象事物的特徵，我們所要做的只是承認自己有關音樂作品的直覺有點小小的誤會。我們以爲音樂作品是被創造的，其實不是。

柏拉圖主義者如何解釋這個誤會呢？陶德說，和數學定理、科學理論一樣，音樂作品事實上是被發現的——就像畢達哥拉斯發現畢氏定理、愛因斯坦發現相對論——而不是被創造的。請想像一下，有一個無限長的聲響序列，和圓周率那樣的無理數類似，它的音符有無限多個，而且完全不循環。和圓周率序列不同的是，這個無限的聲響序列沒有開頭。作曲家在「創作」時，所做的其實是從無限序列中發現一個或短或長的段落，這個選出的段落被我們稱為「作品」。有時候，我們會說愛因斯坦創造或創立了相對論，但這只是一種致敬的說法。事實上，數學家、物理學家和音樂家並沒有創造新的東西，他們只是發現了原本就存在的東西。

　　有些對作曲活動充滿敬意的人認為，這個說法簡直是在侮辱。比起發現，我們往往更尊敬創造，因為創造意謂付出更多努力。柏拉圖主義者同意創造通常需要付出更多努力，但陶德強調，他不想對作曲家不敬。既然全部的音樂作品都不是被創造的，我們對它們一視同仁，不會因為某件作品是被發現的，就降低對它的評價。

　　柏拉圖主義之所以有說服力，是因為它使用一個被廣泛接受的原則（奧坎剃刀）和一個用來消除疑慮的說法（「音樂作品是被發現的，但這並不影響我們的評價」）。似乎沒有什麼好挑剔的了，不是嗎？畢竟，沒有什麼比起在理論自身上一致，而且又能解釋我們的直覺更好的了。直覺雖然在需要我們作出快速反

應的時候很有用，但哲學追求的是謹慎思考。人是懂得反省的動物，修正那些出錯的直覺，是在提煉理論的過程中必須付出的代價。因此，在方法論的層面上，柏拉圖主義又被稱作「修正論」。

音樂作品是不是被創造的，由方法論決定？

相較於存在了超過兩千年的柏拉圖式理論，創造論在 1980 年代後才有較爲系統的論述。創造論的興起，得力於藝術存有學的方法論討論。修正論者（在這裡即柏拉圖主義者）主張我們要依照理論來修正自己的直覺，但憑什麼理論一定是正確的？對科學理論來說，地平說、天動說和燃素說等許多理論不都被推翻了嗎？哲學理論也可能如此。不過，柏拉圖主義者會說，科學理論是因爲有了新的經驗證據才被推翻，而我們談及的存有學內容無法被經驗捕捉，不會因爲經驗證據被推翻。存有學需要的是理論本身的一致性。

與之相反，反對柏拉圖主義的哲學家主張，對藝術存有學來說，我們在評論和欣賞實踐中的直覺非常重要，重要到藝術存有學的首要任務是描述我們有關藝術的想法。而我們對藝術最重要的直覺之一，就是「藝術品是被創造的」；音樂作品和所有其他門類的藝術品一樣，都是由它們的作者創造出來的。這個想法支撐了我們的評論和欣賞實踐，否則藝術理論家無需花大把時間爭論「作品意義是否受作者意圖所限制」這類問題。

像創造論這樣的理論，因為重視對我們想法的描述，在方法論上又被稱為描述論。很快地，柏拉圖主義者和創造論者發現，他們爭論的核心是方法論問題，便將主戰場轉移到了方法論上。一旦決定了我們應該以何種方法研究哲學，就能確定音樂作品是不是被創造的。

描述論的主要支持者之一是艾米·托瑪森 (Amie Thomasson)。除了說藝術存有學必須是描述的，她還認為我們有關藝術品的存有學觀點不會有嚴重的錯誤。只要大多數人認為音樂作品是被創造的，音樂作品就是被創造的。因為，和自然種類事物不同，藝術品是人工品，即人類製造出來的東西，而我們總不會對自己造出的東西一概不知吧！我們通常很明白自己造出了什麼東西，包括它的原則、結構和目的，也知道它的存在方式。托瑪森並不是說，一個人對一件人工品的存有學觀點不可能有錯，而是說，絕大多數人的觀點會是對的。既然我們有關藝術品的看法大抵正確，從公眾的看法中就可以抽取出存有學的結論：音樂作品是被創造的。

可是，如果描述論的確提供了我們思考存有學的一個合理方式，托瑪森有關「對人工品的存有學觀點不可能有嚴重錯誤」的主張也受到了責難。陶德指出，順勢療法和捕夢網都是人工品，現今還有許多人相信它們具有其宣稱的功能或效果，但那些觀點顯然是錯誤的。

這個反駁很有道理。有的描述論者也認為托瑪森太過基進，

認爲我們大可採用一種溫和的描述論，在主張人工品存有學必須是描述的同時，承認我們的看法經常需要修正。修正和描述並不是非此即彼的選項，而是程度的問題。這一點可以從一個簡單的例子看出來：公眾之間對藝術品的分類經常抱持不同看法，如果藝術存有學的任務只是描述這些看法，這種存有學將會是一團亂的大雜燴。溫和的描述論者主張，描述是研究藝術存有學的基本立場，但還需要藉助理論上的優點來幫助我們整理想法，這種哲學研究才有價值。

音樂作品不是純粹的聲響結構

描述論的另一個支持者，傑羅德・萊文森 (Jerrold Levinson) 認爲創造論者可以同意柏拉圖主義者的基本立場，即純粹的聲響結構是非時空的或永恆的，同時又反對把音樂作品等同於純粹的聲響結構。也就是說，至少有一些抽象事物是被創造的。音樂作品正是一種被創造的抽象類型：一個人在一個時間、一個社會一歷史脈絡中把它挑選出來，因而具有相關的索引性質，成爲一種非純粹的聲響結構。

人們在日常生活中指出一棵樹、一輛車或一段句子裡的一部分，目的是要讓人注意那個事物，該活動沒有把任何的新的東西帶進存在。然而，在作曲活動中，作曲家不只是要我們注意一段聲響結構。藉由選擇或挑選音符，他還把音樂作品帶進了存在，

這種「帶進存在」的活動就是創造。

柏拉圖主義者偏愛把抽象的聲響結構說成是遺世獨立的東西，人的努力和地位在當中被減到最低。雖然這個做法不涉及評價，沒有貶低誰的意思，但我們會覺得這樣子的哲學似乎跟自己沒什麼關係。和這個觀點相對，溫和的描述論者希望我們做「我們自己的哲學」，既不排斥理論對直覺的修正，也尊重公眾的直覺。

其實，柏拉圖主義者或修正論者在說抽象事物無法被創造時，遵從的也是他們的直覺。這或許是一種哲學家的直覺，在經過哲學史的薰陶後，它變成許多哲學家的天性。對他們來說，由評論和欣賞實踐中的直覺構成的理論經不起推敲。他們說，創造論者或描述論者不該引入「被創造的抽象事物」和「非純粹的聲響結構」等範疇，這些範疇讓形上學變得臃腫，更像「結了婚的單身漢」一樣矛盾。可是，柏拉圖主義者在不訴諸這些範疇的情況下，也需要動用額外的手段，才能使自己的理論具有解釋力。我們在日常語言中為什麼會堅持說「創造」而不說「發現」？我們如何談論一件作品的起源？在為這些問題提供一套說辭時，我們發現柏拉圖主義並沒有像它所說的那樣簡潔。

討厭柏拉圖主義？不，我們只是個性不合

要如何在柏拉圖主義和創造論之間做選擇呢？安德魯‧卡

尼亞 (Andrew Kania) 認為，只有等到哲學家在基礎形上學上取得「抽象事物是否可被創造」的共識時，才能決定哪個方法論適用於音樂存有學，但他認為這一問題在短期內沒有取得共識的跡象，甚至很可能永遠不會有共識。

有人會說，讓每個人各取所需，選擇他偏愛的方法，不就皆大歡喜了嗎？然而，存有學討論的是事物的存在方式，並不是我們看待事物或處理事物的方式。不可能有一個東西既是永恆存在的，又是被創造的，抽象的音樂作品也不例外；它要麼是永恆存在的，要麼是被創造的。柏拉圖主義和創造論無法共存，一旦你決定加入戰局，就一定得選一邊站。

你應該已經猜到，我最後選擇了創造論，問題是我無法說明創造論之於柏拉圖主義的絕對優勢。這是因為，在這場爭論中，雙方都沒有絕對優勢可言，它們之間的差距微乎其微，至少在方法論上如此。我不覺得柏拉圖主義糟透了，也不相信創造論一定正確。

那麼，是什麼使我做出選擇？我想單純是個性不合。假設柏拉圖主義和創造論具有完全相同的解釋力，在理論上有一樣多的優點和缺點，我還是認為創造論更符合我的個性：相信人類的潛力，包括了創造抽象事物的能力。我也認為，比起「在天上」的柏拉圖主義，創造論更加親切，讓我感到它是屬於我們自己的理論。這是我跟柏拉圖主義分手的理由，但我也願意和它保持聯絡。

進階閱讀推薦書單

1. Davies, S. (2003). Themes in the Philosophy of Music. Oxford, UK: Oxford University Press.

2. Dodd, J. (2007). Works of Music: An Essay in Ontology. Oxford, UK: Oxford University Press.

3. Goehr, L. (2007). The Imaginary Museum of Musical Works: An Essay in the Philosophy of Music (Rev ed.). Oxford, UK: Oxford University Press.

4. Kivy, P. (2002). Introduction to a Philosophy of Music. Oxford, UK: Clarendon Press.

5. Levinson, J. (2011). Music, Art and Metaphysics (2nd ed.). Oxford, UK: Oxford University Press.

6. Thomasson, A. L. (2006). Debates About the Ontology of Art: What Are We Doing Here? Philosophy Compass, 1(3), 245-255. doi:10.1111/j.1747-9991.2006.00021.x

唯有走過一段激情，
才能成就真正的藝術與倫理
——給尼采的分手信

陳康寧

親愛的弗里德里希・尼采（Friedrich Wilhelm Nietzsche），許久沒有給您寫信，近來可好？

之前有人詢問我，您在哲學史上有何重要的地位？我說，傳統哲學重視意識（或心靈）多於身體，自尼采後則開啓了當代哲學中「作爲身體而存在」的視野，即「身體」成爲了重要的哲學概念。據我所知，在哲學領域，探討什麼是「存在」可以是說最根本的問題，而「身體」被拉高到「存在」的定位來加以探討，是由您開始的。這無疑顛覆了整個西方形上學的傳統架構。[91] 如果說，阿諾是「未來的終結者」，那您就是「形上學的終結者」。[92]

生命如此痛苦，活著的意義是什麼？

您認爲，西方文化主要是受到古希臘的蘇格拉底、柏拉圖哲學以及基督教的影響，而柏拉圖和基督教最終所肯定的世界是「他界」，也就是說，現實世界並不是充分具有價值的，眞正有價值的是現實世界之外的一個理想的世界，柏拉圖稱爲「理型的世界」，而基督教稱爲「天堂」。然而，您反對這樣的看法，甚至宣傳「上帝已死」。在西方的文化中，上帝的存在是世間一切價值的來源，也是生命意義的源頭，但您卻打破這樣的看法，認爲基督教的價值系統已經無法提供生命的意義。有意思的是，您一方面反對柏拉圖與基督教的「他界」思想，因爲這會削減當下

世界的價值，一方面卻認爲當下的現實世界是充滿苦難、痛苦的。

要知道，現實世界雖然充滿許多苦難，但由於人們相信死後還有天堂，或者說在這苦難的世界之外還有一個更有價值的世界，因此面對再大的困難，我們都有勇氣可以面對，上帝的存在能夠成爲我們努力活著、面對苦難的信念，然一旦這樣的價值信念被動搖了，隨著而來的就是一種虛無主義 (Nihilismus)。爲什麼呢？因爲上帝已死，而現實世界又是充滿痛苦的，活著要面對生老病死，又要面對許多的失去，也要承受人與人之間的相處壓力等等，若活著只是爲了要承受這麼多的痛苦，豈不意味著活著是沒有意義的？

理性只是一種僵硬的戲法

我記得您以前告訴我，不是這樣的，虛無主義的出現，正好意味著新的意義或價值即將被賦予，人類存在的價值，必須重新評估，我們要「重估一切價值」[93]，在這個意義下，你宣稱自己是澈底的虛無主義，對「理性」採取了嚴厲的批判。在西方哲學史上，從古希臘到啓蒙時代，「理性」是高度被讚揚的，也是哲學追求客觀眞理的不二法門。笛卡兒 (Rene Descartes) 以理性的思維方式爲知識的眞實性找到了基礎，[94] 而康德認爲理性是道德的根基，這兩位大哲學家都相信有一個客觀、普遍性的眞理存

在，並且可以透過理性來掌握到這個真理，不管是知識真理或道德真理。而您卻對笛卡兒嗤笑一聲，質問他「爲什麼非要眞理不可？」[95] 您也嘲笑康德是生硬又端莊的僞善，其「定然律令」[96] 是一種數學形式的戲法。不僅如此，您甚至宣傳「道德今日在歐洲是群盲道德」[97]。

善惡的彼岸

嚴格來說，您並非反對道德，而是要「超然自立於善惡的彼岸」，在此之前，「會以一種危險的方式反對那些已習以爲常的價值感覺」[98]。換句話說，您反對理性框架下壁壘分明的善惡觀，不過如此一來也會伴隨著一些「危險」。您認爲，這樣的人不甘成爲道德奴隸，是眞正獨立的人。獨立的人，是強大、果決乃至於恣肆的，同時也讓自己身陷危險。由於活得跟別人不一樣，脫離了道德秩序的常軌，生命容易處於分裂、破碎的狀態，但同時也是一種蛻變的契機。您甚至說，獨立是強者的特權，也只有少數人能做到，獨立的人也是孤獨的。這也意味者，要從道德的枷鎖中走出來，成爲獨立、強大的人，必須承受孤獨，忍耐世人的眼光。

爲了要超越善惡的二元區分，我們免不了會衝撞道德體制。或許說，就人的存在特性而言，內心的慾望衝動本身就會不斷嘗試逾越出理性的束縛。傳統道德要求我們必須用理性來克制自己

的慾望，如此一來則造成對生命的壓抑，人的身體感官不被重視。但您卻歌頌青春的衝撞性，認爲道德或良知帶來的「心安理得」是一種危險，會遮掩最眞實的自己。站在理性、道德秩序的一方，是反對青春的。[99]

您批評理性與規律、只懂得埋首書堆的哲學家行事刻板僵硬，並提出了新的哲學家來臨的說法，這些新的哲學家追求「自由精神」，有別於追求民主自由、權利平等的哲學家，您把這些參與政黨、協會、聯盟或社會運動的哲學家所追求的「自由」批評爲冒牌的自由精神，並諷刺他們只是服膺於民主趣味和「現代理念」的奴隸，不具有獨特的孤獨。您所歌頌的自由精神的哲學家，並不把受難視爲要消除的東西，反而視爲是服務於人提升生命的關鍵。暴力、痛苦、窮困與疾病等可以將我們從各種常規與成見中脫離出來，自由精神的哲學家不僅對上帝感激，亦對魔鬼感激，然而卻必須注定走上孤獨的道路。

何謂權力意志？

談到自由精神，則不能不提到您另外一個重要的概念。您主張人的生命機能，構成了衝動生活，也就是一種「力」，而決定行爲的意志，也是一種意志之力。從某種意義上來說，衝動生活就是意志之力，這樣的意志也可稱爲「權力意志」（德文：Willer Zur Macht；英文：will to power）[100]。世界並不一定是虛

假的表象，但整體而言卻是「權力意志」的展現。權力意志是不斷擴張的力量，也是「自由的本能」，它不斷衝撞體制、規範的束縛，而追求最大的自由。若順從社會規範即是甘願成為道德奴隸，那麼權力意志就是存有者衝破道德奴隸枷鎖的自由本能。

進一步來說，人類的文化與文明建設，都來自權力意志，而最能展現權力意志的，就是對舊有體制的破壞、衝撞。破壞、衝撞的同時，也就帶來了創造，因此這是一種「衝創」之力。這樣的權力意志，使得人們會不斷追求慾望的滿足（權力意志本身就是一種深層慾望的動力），而在滿足慾望過程所遇到的各種阻礙，會使人產生各種抵抗。某個意義上來說，權力意志是一種渴求抵抗的慾望。就此來看，現實世界雖然充滿了各種苦難，這些苦難構成生命的重重阻礙，但卻也是最能滿足人類渴求抵抗的慾望，也唯有對苦難做出頑強的抵抗，我們才能活出生命的意義，成為自己的主人。這也是為何您特別喜歡古希臘悲劇英雄超越平凡的生命動能。由此可知，澈底肯定虛無主義，最終是為了打破虛無，展現出存在的價值。

身體的異質力量是藝術創作的泉源

不過，您雖然一直強調破壞、衝動、衝創，感覺好像沒有對什麼保持肯定的態度，其實並不然，您有一個「大肯定」，也就是肯定「身體」的存有價值。您主張，我們的思考要以「身體為

綱領」，而對「身體」的重新肯定，最直接展現在藝術創作與美學經驗裡。藝術創作與美學感受，並非理性計算的活動，而是必須高度依賴身體感官的創造性活動。身體、感官、慾望、感性、力，幾乎成爲藝術創作與美學轉化的核心。對您來說，倫理道德與藝術美學是截然不同的，若我們要創造出道德良知，則會閹割藝術，道德要求自我犧牲自己，爲他人而不爲自己；藝術恰好相反。

把身體自我與權力意志放在一起來看，恰好可以體現出一種肯定「差異」的思維。「差異」是您的哲學中心，而最能體現「差異」的，就是存在於意志與身體的多元異質的力量。對您而言，意志是多元複雜的，是由複數的感受、思考、慾望所組成的。身體也是不同「多元」組織而成的，這些「多元」包括了精神的多元、慾望衝動的多元、力量的多元以及靈魂的多元。異質力量的多元競爭，使得我們的意志必須不斷「組織」與「再組織」，再組織的過程，就是一種破壞、毀滅性 (destruction)。在破壞的過程，就會有新的創造出現。因此，人的主體不是單一向度的，而是融合多元於一身的「複數主體」。就此而言，充滿力量動能的主體是能夠遍歷不同文化、不斷豐富化自身的主體。有學者認爲，您已經開啓了「後現代」(postmodern) 的「多音複調的主體」或「內在多元的主體」。[101]

進入生命的高峰──酒神狀態

　　對比於代表理性精神的太陽神阿波羅 (Apollo)，您在《悲劇的誕生》則非常喜歡代表感性精神的酒神戴奧尼索斯 (Dionysus)。您強調生命中的「酒神精神」，也就是藉由藝術而使得生命上升到一種「酒神狀態」。關於「酒神狀態」，學者黃國鉅有一段精闢的分析：

　　所謂「酒神狀態」，是一種對生命有深刻體會的世界觀，一種回應悲觀生命的態度。酒神明知道宇宙是荒謬、苦難、無意義的，只是在不斷創造和毀滅的循環中，但當處於酒神狀態時，一個人認清生命的荒謬、自己的渺小，卻仍然投入「醉狂」(Rausch) 的狀態，熱愛生命，把握當下自身的存在，參與宇宙間的創造與破壞，最終便能和自己、他人，甚至整個宇宙和解，重新融合在一起。在這種狀態下，人不再是藝術家，而是作為藝術品本身而存在。[102]

　　換句話說，「酒神精神」揭示出人不僅僅可以透過創作藝術來轉化、提升自我生命，在更為深層的意義來說，人的存在本身就是藝術品。這樣的想法，打開了歐洲哲學對於生存美學的重視，更是影響了晚期傅柯 (Michel Foucault) 的哲學。

過於強調身體慾望的衝創力量，會有另一種危險

　　傅柯在晚期的時候，對於您強調的慾望衝創力有很深的著迷，他把您的藝術精神提升到一種工夫修養的層次，也就是生活藝術本身就是工夫修養。傅柯反對基督教的苦行或禁慾的修行方式，因爲那種修行方式始終是爲了磨練意志和心性，忽視了身體的向度。從古希臘理性對慾望的克復到基督教的禁慾主義，由於強調的是一種對心靈、精神的修養，不妨稱爲「向上修養」；而您的藝術精神恰好反過來，重視的是對身體、感官的力量釋放與創造，故可稱爲「向下修養」。然一旦主體得到解放後，生命又該何去何從呢？雖然有些學者認爲您的「價值重估」能夠開出嶄新的倫理向度，但您過於強調倫理與藝術的區分，甚至不屑自我主宰的傳統倫理學，因此我對您過於強調生命的衝創動力不免有很大的憂心，因爲這種來自深層慾望的衝創力量，具有幽暗盲動的危險性。

　　因此，比較好的做法應該是，倫理與藝術並非截然區分，兩者甚至是相互交織的。晚期的傅柯對此問題有一定的敏銳度，他提出了一種批判的倫理主體，強調「自我關注」的實踐面向。所謂的「批判的倫理主體」，一方面連結現代和古希臘、古羅馬的生存美學和主宰工夫，一方面反思基督教的主體模式。古希臘對自我的倫理學要求，主要是「自我主宰」，透過精神修養的方式避免被慾望奴役，而只有克制自己的身體限制才是自由，即：成

爲自己的主人。傅柯雖然取資於古代卻必須經過一番批判，批判的進路就是依循自您所開發的力量美學的模式，走向了「越界」的美學工夫。「越界」是一種身體的經驗，意圖衝破中產階級的道德規範，達到生命的最大強度，走向一種感性、激情、慾望、去主體化的創造性自我。進一步來說，美學工夫或生存美學是自我創造、自我越界（超越）和自我主宰交錯一身的工夫主體，又稱爲「倫理風骨」(ethos)。很顯然，傅柯對我有比較大的吸引力，您的理論所潛藏的「危險性」，也使得我不得不離開您。

結合「向上修養」與「向下修養」

如果說，您把傳統的「向上修養」轉爲「向下修養」，那麼晚期的傅柯則是同時肯定「向上」和「向下」的修養。您批評西方傳統太過重視理性而忽略身體，但您卻過於重視身體感官，排斥理性主宰，其實也是某種意義下的心靈和身體的二元論。但傅柯卻試圖打破這兩者的截然劃分，他既肯定身體力量越界的創造性，也肯定自我主宰、約束的重要性，並以此來連結倫理與美學。

我認爲，傅柯對您思想的繼承與轉出，是更加值得提倡的，也是 21 世紀當代的批判美學與工夫倫理的重要思想資源。您對我的教誨，我仍銘記於心，而藉由傅柯對您的省思，恰好反映出我對您的尊重。

進階閱讀推薦書單

1. 黃國鉅，2014，《尼采：從酒神到超人》，香港：中華出版社。
2. 劉滄龍，2016，《氣的跨文化思考：王船山氣學與尼采哲學的對話》，臺北：五南圖書。
3. 傅柯著、鄭義愷譯，2005，《傅柯說真話》，臺北：群學出版社。

91. 形上學 (metaphysics)、知識論 (epistemology) 和倫理學 (ethics) 是哲學的三大支柱，很多哲學問題都離不開這三個範疇。粗略來說，形上學是探討「存在的本質」或探問「何謂存在」；知識論則是探討「知識是什麼」、「知識如何可能」；倫理學則是探討「道德規範的根源」。

92. 德國大哲學家海德格 (Martin Heidegger) 就認為尼采是形上學的終結。

93. 尼采有一本著作，書名為《權力意志：重估一切價值的嘗試》。

94. 笛卡兒透過「我思，故我在」(I think therefore i am) 的論證來說明「自我」的存在是不可被懷疑的，他在這個基礎上進一步論證上帝的存在，接著再透過上帝的存在來論證客觀世界的存在。

95. （德）尼采著、趙千帆譯：《善惡的彼岸：一個未來哲學的序曲》（新北：大家出版，2017），頁 62。

96 關於康德的「定然律令」，可以參閱〈給康德的分手信〉。

97. 尼采著、趙千帆譯：《善惡的彼岸：一個未來哲學的序曲》，頁 187。

98. 尼采著、趙千帆譯：《善惡的彼岸：一個未來哲學的序曲》，頁 46。

99. 對比之下，尼采在《善惡的彼岸》一開始對康德的稱呼是「老康德」，言下之意，尼采認為康德的那一套道德哲學是無趣、缺乏活力的。

100. 尼采提出的 Willer Zur Macht，最常使用的中譯為「權力意志」，但也有譯為「全力意志」、「強力意志」和「衝創意志」。

101. 要了解甚麼是「後現代」，必須先了解甚麼是「現代性」(modernity)，但這兩個都是複雜且交織在一起的概念，不容易簡單說明。在本文的脈絡裡，「現代性」是指啟蒙時代以降強調大寫理性 (Rationality) 的精神，而「後現代」則是指拒絕理性啟蒙計畫的思想。

102. 黃國鉅：〈絕望政治與尼采的啟示〉，《二十一世紀》第 164 期（2017 年 12 月），

頁 130。

與西蒙東書
──從機器的社會心理學
到共存的政治學
──給西蒙東的分手信

Isabel Lu

為什麼讀西蒙東

其實跟妳並不太熟，只是頻繁地在斯蒂格勒和許煜的作品中讀到對妳的技術哲學的演繹，所以引起了好奇。起初妳在法國的中學和大學講授哲學。後來師從康居朗 (Georges Canguilhem) 以及梅洛龐蒂 (Maurice Merleau-Ponty)。1958 年完成博士的主副論文。主論文叫《在形式和信息概念下重新思考個體化》[114]，副論文更加知名《論技術物的存在方式》[115]。妳生前也只有這兩本書被出版過。

作爲 20 世紀重要哲學家之一，妳重新回歸學界視野的時間似乎並不長。最淺顯的緣由是妳以法語寫作，非法語學者要審愼地仰賴翻譯。我讀的英文版 2017 年才有[116]，中文版在我寫這封信時還沒出版。而妳在 1950 年到 1985 年間所著文章與會議記錄，被編排出版，許多至今只有法語版本。此爲一。其二是因爲妳的思想具有開創性。你在二十世紀中葉即就提出技術問題應是哲學核心問題，技術與人文不應對立的思想。早了或爲當時主流學界所忽略，卻影響了從德勒茲 (Gilles Deleuze)、拉圖爾 (Bruno Latour)、斯蒂格勒 (Bernard Stiegler)、斯唐熱 (Isabelle Stengers) 及許煜 (Yuk Hui) 等諸多思想者。

既不講法語，又不做科研的我，自不量力地給妳寫信，既因爲妳影響深遠，亦是人文學科想由當下生活介入技術哲學的嘗試。比較有自知之明的一點是，作爲媒介研究者，我的關注點並

不在技術本體論，而在當下成為顯學的媒介技術，以及隨之而來的對政治學的重新思考。

最近有兩個契機讓我想到妳。第一次是在重溫 1982 年版《銀翼殺手》的時候。那是人造人羅伊·巴蒂臨死前的最後一幕。殺死了製造自己的泰瑞博士，又救下了奉命追殺自己的警察後，巴蒂跪坐在工業化廢墟前的滂沱大雨中，緬懷即將消逝的記憶。

我曾見過令人難以置信的事情。戰艦在獵戶座旁熊熊燃燒，C 射線在天國之門旁的黑暗裡閃耀。所有的時刻，都將於時光中逝去，如淚消失在雨中。死亡的時刻到了。

（I've seen things you people wouldn't believe. Attack ships on fire off the shoulder of Orion. I watched C-beams glitter in the dark near the Tannhäuser Gate. All those moments will be lost in time, like tears in rain. Time to die.）

此時的人造人羅伊·巴蒂，是弒父者，是救物主，亦是詩人。雖然這一幕是演員臨時起意而改編原本的臺詞，但卻成了電影史上十大最感人獨白之一。我們至今仍被感動，大多由於這個具有複雜層次的人造人形象符合我們在後人類時代對人工智能的期待。

第二次是看到馬雲和馬斯克在 2019 年世界人工智能大會對談時 [117]，對人工智能截然不同的論調。馬斯克認為技術演變的

速度遠高於我們的理解能力。我們看人工智能就像大猩猩看我們人類一樣。人工智能可能會覺得跟人類聊天實在太無聊，太慢。雖然我們已經是與智慧型手機合二為一的賽博格，但是手機的網路頻寬太少，而且輸入速度太慢，只兩個手指，都不是十個。但是，「如果打不過他們，（我們）就加入他們」。

馬雲覺得，電腦只是玩具，人造之物不會比人更聰明。而且人更聰明是因為人有智慧。這裡要注意，馬雲認為智慧並不是在象牙塔裡揣度天下事，憂國憂民的智慧 (college smartness)；而是見招拆招的市井智慧 (street smartness)。他莫名其妙的說了句讓天下心臟專家不齒的話：「智慧是來自於人的心。」而地球上最好的能源，不是煤炭或石油，而是「人類的大腦」。所以「我們需要更多的人口」，以生產和消費更多的大腦。

有趣的是，在業界沒有達成任何理論共識的前提下，資本先行。不論樂觀還是審慎，兩人手中的資本並沒有停止推動科技產業的泛用化。這兩件事結合在一起，有力地構成一系列當代生活急需回答的問題：人造之物與造物之人之間是什麼關係？文化應如何克服科技所帶來的異化？技術應如何轉化為文化的支撐？我們應該如何通過思考人類與技術的關係重新呈現政治學，將其錨固並回歸存在的視野？這正是在當代語境下對妳重新解讀的意義。

不存在的機器人和理解機器的三個階段

　　機器最初代表人類對自身複製的願望。其形象常常作爲統治機器的一部分出現，作用是服務和維持。有據可考的第一個機器人形象叫塔洛斯 (Talos)，最初出現在《伊利亞特》中，是個銅製的巨人，在特洛伊戰爭中爲諸神守衛克里特島 [118]。猶太傳說，印度傳說中都曾出現有生命的機器守衛，中國的兵馬俑也算沾邊，達文西 (Da Vinci) 也曾設計過機器人武士。

　　妳在《論技術物的存在方式》的開篇明確指出——「機器人並不存在」，我們當今對機器的認識，很大程度上是基於對機器人的「被神話的再現」。文化對技術常常持兩種截然不同的態度：要麼將其作爲純粹被使用的物件，要麼將其視作威脅或奴隸 [119]。機器的迷思在兩個例子中均有體現。在電影中顯現爲父與子的救贖，造物者與所造之物的悖論；在馬雲和馬斯克的對話中，被演繹爲異化之源——要嘛是人類的主人，要嘛是人類的玩具（還不如奴隸）。

　　妳認爲這樣的認知是有問題的。既然藝術物已經成爲哲學思考的主體，技術物還僅僅被當做生產和消費的工具是非常狹隘的。這是因爲在現代社會，我們是彼此不相關的消費者、製造者和勞工，由各自分離的角度去疏離地理解技術。妳提出應將技術分解爲技術要素，技術物和技術組合，並經過三重階段去理解技術與人的關係 [120]。

首先應理解技術物的起源。技術物，是人與自然的中介 (the mediators between man and nature)，比如火，比如紡織術和印刷術，再比如我們今天的人工智能和 5G 網絡。這些技術無並非源於人造，其進化是源於妳所稱的「具體化 (concretisation)。妳經常舉的例子是晶體的結晶過程。具體化的進程旨在將原本分散並具有抽象功能的部件（前個體技術物），整合在一起，解決部件之間的衝突，使它們可以相互溝通和調節，成爲個體化技術物。這似乎很不容易理解，因爲妳並不認同傳統的個體概念。傳統哲學的個體經常是業已成型的事物，並擁有一成不變的個性與功能。而妳的個體化來自於不斷生成的本體論 (ontology of becoming)，即視個體生成過程爲個體。這個過程中，實體與偶性並不共存，而是互相協商的一系列運動。

　　在個體化的過程中，技術物並不獨立於環境，而是處於環境之中，將周身環境整合進自身的運作機制。這裡妳舉的是渦輪利用河流散熱的例子。對妳而言，技術物與環境結合而成的締合環境起到維持系統穩定的作用。只有與締合環境結合，技術才獲得了某種個性與功能。而技術物的具體化是對其內部和外部關係的調控。

　　這點對於人文學科背景的我實在不太容易理解。所以我總是想到米開朗基羅說過的一句話：「我沒有創造雕像，只是將石料裡面的雕像解救出來。」這句話自然可以理解爲米氏在賣弄天才，但也暗合了妳的個體化概念。石料裡面本來沒有大衛，大衛

的出現是由於米氏綜合協調石料的物理性質，外部環境，以及每一次操作間隨機發生的磨損，失誤和熱量轉移。但我實在不明白為什麼在妳的理論裡，人類影響沒有從一開始就出現？

　　第二個階段是想像人與技術物間的聯繫。人與技術物個體的聯繫被妳分為弱聯繫和強聯繫。弱聯繫意味著人有足夠的知識可以使用技術物，類似於學徒或卓別林在《摩登時代》中飾演的快樂的機器人──人的身體適應了技術過程和環境。強聯繫意味著人了解了技術的工作原理，這裡妳給出的例子是狄德羅百科全書的出現。

　　而作為群體的人與技術物之間的聯繫通常被稱作進步──這由兩次工業革命彰顯，同時帶來人的不安和焦慮。因為機器成為人的替代品。但是西蒙東認為，人的本質並不是工具使用者，因此並不會與機器產生直接的競爭關係。人的本質是發明者、調節者、聯繫者和能動者。人使生物，技術物，技術組合之間彼此連接並兼容的過程被妳稱之為「信息」(information)。只有人可以做到這一點，因此妳視沒有人參與的全自動化為迷思[121]。

　　第三階段是能將技術物還原回真實場景中，理解技術物的本質。為了將技術還原回文化的一部分，妳認為社會系統從來都是混合系統，由人，動物和技術物組成。這樣妳在事實上拒絕了一種人類中心思想。機器，作為技術組合的一部分，可以增加社會系統的負熵。熵是物理學概念：是每一次能量轉化時，注定被消耗的無效能量。熵學人類學是李維史陀（Claude Lévi-Strauss）

提出的一個概念，他認為人類正在走向消散。「人類除了在最開始的時候之外，從來沒有能創造出任何真正偉大的東西。」[122] 他宣稱不再愛這個世界，「人類將要毒害到自身，未來的世界也不再是我所喜愛的那個世界」[123]。

然而妳認為機器是人類抵擋熵學的一部分，是生命抗爭其滅亡的方法。技術「減緩能量消散，並成為世界的穩定系統。」[124] 又提出應教育培養技術專家或機器學專家 (mechanologist) 來理解技術物，與心理學家和社會學家並肩工作，處理機器的社會心理學問題。這樣可以打破使用者，工程師以及勞動工人彼此隔絕的局面，使機器的社會文化層面和實際使用層面都得到觀照。後期妳還主持參與了以此為目的的教育項目，稱其為技術文化 (Technical Culture)。斯蒂格勒由此受到啟發提出了藥學 (pharmachology)，認為在以消費為主的超資本主義工業模式中，技術是毒藥，亦是解藥。也提出我們應重新思考對下一代青少年的關懷，以及思考知識與科技的關係 [125]。

想像一種共存的政治學

從人文研究者角度，我認為妳成功地將物的概念從經典哲學的客體自然物中解放出來，並提出技術與人文並立的思想以克服科技發展帶來的異化。然而，妳和政治學之間模棱的距離成為我們之間的障礙。

雖然斯蒂格勒盛讚，沒有一種政治學是以妳爲名，政治卻貫穿妳對個體化過程的描述[126]。由個體化衍生出的政治學是跨個體的個體生發學。妳反對維納 (Norbert Wiener) 控制論的技術官僚主義 (Technocracy)，使技術淪爲社會內部的自我調控；亦反對伯格森 (Henri-Louis Bergson) 英雄主義式的外部結構性秩序，讓控制系統超出智力可認識的範疇。

妳認爲通過跨個體關係 (transindividual relation)，正義會產生於社會系統內部。跨個體 (transindividual) 的概念妳其實沒有解釋很多，我的大致理解是基於許煜的講稿[127]。人與物之間的跨個體關係源於擁有和分享，比如我擁有一本書，或者我以電郵形式將電子書分享給其他人。而人與人之間的跨個體關係類似於一種集體關係，因爲妳認爲人是一種依託於感情的生物性存在，亦是一種「心理—集體」的社會性存在。如同技術物，人的個體的存在也不是絕對的，也是生成的和變化的。

依照許煜的解讀，「真正的個體是通過了孤寂 (solitude) 的個體；它在孤寂之外發現的，是一種跨個體的關係。」妳並不認可集體是個體與組群之間的中介，卻認爲組群是介於個體與集體之間的中介。組群和集體的概念並不能等同。妳用查拉圖斯特拉的例子，似乎在說當他對村民對牛彈琴時，他們雖然看似一個組群，但並不是集體；但當他面對一具成爲朋友的屍體時，他們卻變成了集體。集體的亞穩狀態是由一種信念支撐和維繫。許煜認爲，從中引人深思的是如何通過設計群組而觸發和影響集體的生

成。不同的算法推薦可以吸引不同組群的構成。而如何構建彼此契合有互相吸引的有效組群成爲算法優化的重要工作。

可以理解的一點是，被我們所理解的人在歷史上從來沒有獨個存在過。然而我所在意的是妳的政治學無法回應當代的存在主義問題——如何自由地共存。1953 年，海德格便提出我們的技術不只是設備的聚合，更揭示了我們的存在 [128]。我們要正確探究技術，就要思考我們如何工作，如何占據地球，以及與存在有著怎樣的關聯。[129] 被海德格極力批判的作爲座架 (Gestell) 的現代技術，以邏輯和秩序爲配置原則，將其中所有存在物都變成有待消耗的燃料。這呼應老子的「天地不仁」，也讓我想到賈誼的《鵬鳥賦》：

天地爲爐兮，造化爲工；陰陽爲炭兮，萬物爲銅。合散消息兮，安有常則？千變萬化兮，未始有極。忽然爲人兮，何足控搏；化爲異物兮，又何足患？小智自私兮，賤彼貴我；達人大觀兮，物無不可。

這篇常被斷章取義地解讀萬物不斷被天地灼燒淬煉。但若放回語境，賈誼意識到人事生滅，離合聚散，變化萬千。人和萬物之間，只有轉化，沒有終極。

這樣通達的態度，流傳到當代，被馬雲等人實用主義地闡述爲人腦是歷史上最大的生產力，也是最終的消耗品，所以我們

需要更多的人口，中國人需要生更多的孩子。（恰好迎合這幾年的國家政策。）不論聯合國是否預測，到 2050 年世界上會有約百億人口，逾七成住在擁擠的超大都市，要餵飽這些人，食物產量要上升 70%。亦不理會，這些巨大的改變會帶來多少環境影響，包括諸多自然環境和地緣政治的不定因素。

把今人的問題怪在妳的頭上，似乎並不公正。但我認爲締合環境應被置於主要位置，並引發思考。當代更應被檢視的角度，應由物和組群轉向締合環境中的關係。因爲物是過程，而組群本質不可控又不可預知。我們目前已知的最大締合環境是地球，締合環境外部的調控點似乎並不存在，只能從內部求索，通過技術問題重新呈現政治學，使其重新回歸存在的視野。

首先，我認爲我們一直都處於締合環境內，締合環境是我們的所居之地，也是我們的存在本身。這個問題如海德格所言，一直處於隱蔽之處，至十九世紀末及二十世紀初成爲顯學。我們不再需要想像蒸汽龐克或賽博龐克，便已經在日常經驗中體會到。數位媒介無處不在，前所未有的融入生存環境，不再只是以影音圖像形式再現生存環境；而與技術結合變爲呈現，而是作爲環境的一部分，作爲場所營造的手段、目的和基礎。猶如《關於莉莉周的一切》中的作爲情感傳播媒介的以太 (ether) 崇拜。

本世紀因此成爲我們不得不重新思考人與科技關係的世紀，也是資本先行的世紀。科技的推動者不再是古典的哲學家，近代的發明家，或者現代的世俗統治權力，而是資本及其代言人，比

如以未來之名進行對談的馬雲和馬斯克。我們普通人被裹挾其中，大多是作爲市場的一部分，作爲消費者和使用者，與製造者遙遙相望。我們對機器的能動性變得驚人的單一：消費，注視，左右滑動開鎖，上下滑動閱讀無底的新聞。我們忘了自己對機器還能夠：審視，思考，談論，決策，制定規則，維護規則。而這涉及到與妳分手的第二點原因。

其次，我認爲應在共存的前提下，延展政治學。技術專家掌握技術現實是不夠的，應該是集體認識技術現實，並且建立和維護相應的規則。當前人類生存最大的締合環境是地球而不是馬斯克欲以全球 GDP 百分之一推動星際移民的火星。不加以思考，人口增長會使資源消耗殆盡。當務之急是在都市生活中思考一種自由而可持續的共存政治學。如果不共同決策，並建立規則和維護規則的機制，就算移民到火星，也只不過是具有典型互聯網的「富裕思維」[130] 的人類換了一顆星球荼毒而已。

公眾通過政治行動對技術物及其規則進行討論其實很早就被漢娜·鄂蘭提出過。她認爲在原子彈尚未造好時，就應當讓公眾知情並進行討論。她的學生桑內特似乎並不信任公眾，在中文翻譯版本裡，他近乎譏誚地說「她的觀點對錯暫且不論，反正她認爲就算讓公眾展開討論，技術發展的祕密也不會因此泄露」[131]。鄂蘭認爲人們彼此公開地直接交談是很有好處的。

我同意她的觀點，並將其延續下來，認爲交談的結果是規則的建立。建立規則需要付出代價，維護規則也需要不斷的巨大努

力。但這在自動化的未來似乎是容易解決的。當未來的人從無休止的體力勞動中被解救出來，如同馬克思、馬雲、馬斯克所言，若只是認爲人們會將其與時間全部交給娛樂、消費和「實現人的價值」，就太膚淺了。我認爲工作的未來在於人們會花更多的時間從事規則的討論、制定、協商和維護，這需要人不只作爲公共行動者，而且是作爲思想者。這會應對未來工作種類變化的巨大轉型。至少有兩個工種可以被預見——決策制定和終身教育。大批人從事決策制定可能會帶來官僚主義，但若決策是細小瑣碎，日復一日需要及時完成和執行的，也未可知。比如決策市政電腦系統每一次的升級。（其實當代很多區塊鏈社區就是在嘗試這樣小規模運行的。）至於教育行業，只要馬斯克還沒有完成電腦和人腦神經網絡的對接，只要人類依然無法遺傳記憶，人類智力的代際積累依然需要靠後天每秒比特級的語言交流和教育界作爲中介。

尾聲

西蒙東先生，雖然我認爲妳談的理解技術物的起源以及人與技術的聯繫對當代世界依然有很大的啓發，但就像前面說的，你的學說沒有來得及指引我們更加深刻的理解締合環境和我們的存在本身，也沒有成功的發展成爲政治學。因此妳的哲學已經不能夠回答我們要如何自由地與技術共存。這也不能怪你，而是在這

半個世紀以來，技術物的面貌和存在形態發生了巨大的改變。

　　雖然我很討厭分手這個太過直白而沒有美感的詞，也覺得哲學愛好者根本沒有能力與任何一種思想澈底分手。但有些人的思想也許只是驛站，指引我們開啓下一段旅程。

進階閱讀推薦書單

1、Hui, Y. (2016). On the existence of digital objects (Vol. 48). U of Minnesota Press.

2、Latour, B. (2004). Politics of nature. Harvard University Press.

3、Stiegler, B. (1998). Technics and time: The fault of Epimetheus (Vol. 1). Stanford University Press.

114.Simondon, G. (2005). L'individuation à la lumière des notions de forme et d'information. Éditions Jérôme Millon.

115.Simondon, G. (1958). Du mode d'existence des objets techniques.

116.Simondon, G. (1958/2017). On the mode of existence of technical objects, Malaspina C & Rogove J (trans.). Washington: Univocal.

117.CGTN. (2019, Aug 28). Live: Jack Ma and Elon Musk's AI debate in Shanghai　云、　斯克点亮世界人工智能大　幕式 [Video file]. Retrieved from https://www.youtube.com/watch?v=uJ5w11Cm3gM

118.Mayor, A. (2018). Gods and Robots: Myths, Machines, and Ancient Dreams of Technology. Princeton University Press.

119.Simondon, G. (1958/2017). On the mode of existence of technical objects, (pp.16-17). Malaspina C & Rogove J (trans.). Washington: Univocal.

120.Simondon, G. (1958/2017). On the mode of existence of technical objects, (pp. xv-xvi).

Malaspina C & Rogove J (trans.). Washington: Univocal.

121.Simondon, G. (1958/2017). On the mode of existence of technical objects, (p. xvi). Malaspina C & Rogove J (trans.). Washington: Univocal.

122. 列維—斯特勞斯 .(2000)，第 535 頁，《憂鬱的熱帶》，中國人民大學出版社。

123.https://www.npr.org/templates/story/story.php?storyId=120066035

124.Simondon, G. (1958/2017). On the mode of existence of technical objects, Malaspina C & Rogove J (trans.). Washington: Univocal. p.21.

125.Stiegler, B. (2010). Prendre soin. De la jeunesse et des générations. Flammarion.

126.Bardin, A. (2015). Epistemology and political philosophy in gilbert simondon: Individuation, technics, social systems. Springer. p.645.

127.http://34.194.222.241/archives/1721/2

128.Heidegger, M. (1954). The question concerning technology. Technology and values: Essential readings.

129.Bakewell, S. (2016). At the Existentialist Café: Freedom, Being, and Apricot Cocktails with Jean-Paul Sartre, Simone de Beauvoir, Albert Camus, Martin Heidegger, Karl Jaspers, Edmund Husserl, Maurice Merleau-Ponty and Others. (pp. 453-455). Other Press, LLC.

130.Anderson, C. (2009). Free: The future of a radical price. Random House.

131.Sennett, R. (2008). The craftsman. (p.5). Yale University Press.

我與意識哲學家查爾莫斯分手，
並可能擇日復合
——給查爾莫斯的分手信

黃旭家

與查爾莫斯 (David Chalmers) 分手的前幾日，我依然還有些許困惑，我困惑的心情隨著意識到在夜深的時間過渡感而加劇，即使如此我知道這些困惑並不是想像的。然而，分手後的決斷、戀情戛然而止的主觀感受，都讓這些意識經驗是在在鮮活不過的了。

　　回想在七年前的一個晚上，我第一次拿起查爾莫斯在 1995 年發表的論文 "The conscious mind"，打開了夜燈、泡好了咖啡，挺著全身因泡完澡的酥麻感，坐在舒服柔軟的沙發上閱讀。意識猶如我身旁的一盞立燈，開啓了我的第一人稱的視域——眼前的可愛餐桌、一旁因風吹阻擋著的窗戶，我聽見它在嘎嘎作響，陽臺處因著梅雨打落而嗅到的茉莉夜香及在蜂巢格狀的公寓裡感受到的碎動。意識若有本質，必不會像具有物理性質那樣，但卻與我所在的小小房間產生作用，隨時在變動著。那到底意識是隨我的感覺神經的整合、注意力的轉換或者是無意識層裡不規則冒出的短期記憶所牽引著，還是一些無法以概念及經驗捕捉的性質？那麼意識的定義是？

　　我起身，關上經驗以外流言的窗，讓我的視域更清晰些，翻開了第一章，他寫著：

　　What is central to consciousness, at least in the most interesting sense, is experience. But this is not definition. At best, it is clarification.[83]

簡單地，將意識訴諸於可感受的經驗並做澄清，這就是我愛上他的理由。

迷上查爾莫斯難題的第一要件：澄清問題

查爾莫斯是一位澳洲籍的哲學家，引領了意識哲學和意識科學界近二十多年的風潮，他所提出的「意識的簡單問題」(The easy problem of consciousness) 和「意識的困難難題」(The hard problem of consciousness) 之區分，是多麼具有說服力，在混沌不明的意識哲學領域，如同他本人曾經留著率性飄逸的長髮、具有個人的學術魅力而像一盞可以追隨的明燈。讓我心之嚮往又久久無法忘懷的解答世界之謎的關鍵——意識本身，因為「他」做出這樣的框限使得問題聚焦，找到了一個使眾多哲學及科學家可以努力的方向，也就是：解決了這個真正難題就解決了意識本身長久以來帶給大家困惑的「主觀性」。而所謂的難題就是那一些無法解釋的——**感質經驗**的所在。

查爾莫斯在他的著作 "Facing up to the problem of consciousness" [84] 做出意識的簡單問題和意識的困難問題的區分，並提供難題的解法。首先，在查爾莫斯的語彙中，所謂意識的簡單問題是可以藉由認知科學的方法，使意識可以是被研究和量測的對象進而回答的，而人所經驗到的現象是可以由計算機制以及

神經機制來解釋。舉例來說：利用功能性腦磁振造影 (fMRI) 研究選擇性注意力的實驗中，我們可以得知前額葉的腦區與注意力的運作和轉換相關，那麼我們就可以用神經機制解釋注意力及其對應的經驗現象是怎麼一回事了。雖然查爾莫斯並沒有說明回答意識的簡單問題的解釋項需要多細緻才算充足回答了問題，但他卻很細心地提供，若回答了意識的簡單問題，就能回答以下的現象：

區別、分類和對環境刺激反應的能力

藉由認知系統整合資訊

心理狀態的可報告性

系統中可以處理一個人內在狀態的能力

注意力的聚焦

行為的自主控制

清醒和睡眠的區別

我認為以上的項目都稱作現象或許不好理解，但可以確定的都有意識的介入。

舉例來說：當我們說明一個人是有意識的，也就意味著他對外界刺激有反應，因此他的大腦是有能力整合內外在的資訊後提出說明、表現情緒、或者被量測得知其心理狀態。[85]

著迷於意識的我，剛開始會以為戀情能如此順利，直到他在

後續的篇幅刻劃了難題。意識的困難問題中所說的意識並非上述的現象，也沒有辦法用認知科學的方法探究和用神經及計算機制來解釋。因為查爾莫斯意識的困難問題就是「經驗本身」，讓我們都無法忽略的經驗的主觀性層面，縱使我盯著腦造影圖譜也無法體驗的：

像什麼一樣的感受

這裡師承了美國哲學家內格爾 (Thomas Nagel) 在 1974 年提出的想法："There is something it is like to be that organism"[86]，一隻蝙蝠，只有蝙蝠在一意識狀態下讓牠成為有意識的蝙蝠他自己，而我們永遠無法經驗當一隻蝙蝠是什麼樣的感覺，如同查爾莫斯眼前所見的那個紅色像什麼一樣，關於他體驗到的光明與黑暗，甚至他眼睛的度數與我不同影響到的視覺深度，都是我無法觸及的感受。縱使，縱使，整個認知神經科學界再努力一百年，解釋了當我們使用同一手拿筆的姿勢不同時，動覺神經機制的細緻差別，依然只能回答意識的簡單問題。

查爾莫斯會說：

是的，這是解釋意識的功能，而非意識經驗本身。

難題所築起的高牆以及面臨的挑戰

查爾莫斯的意識的困難問題的癥結在於複雜的腦神經活動如何轉換成意識經驗的心理特徵，這客觀轉換到主觀性的鴻溝就像是我對他所提出的難題的距離感。在思想的感情中，若對方的思想中刻畫了一個模糊的美麗遠景，是你暫時無法全部了解的，其實夢想和陷阱就僅有一線之隔。

當然我們的戀情還有一些劇中的局外人，他們時時刻刻提醒我查爾莫斯理論的風險。著名哲學家丹尼特 (Daniel Dennett) 認為查爾莫斯這樣子的區分只是錯覺的製造者[87]。他舉出活力論 (Vitalism) 的例子做為類比，活力論者有一個基本立場是認為生命的機能並不是依循著物理和化學的規則運作，然而這與當代生命機制的運作的看法大不相同，活力論者將物理和化學的解釋秉棄，實則是簡化對於生命機制本就難以回答的問題，而去訴諸更難回答的生命本身。然而，那生命本身無法用物理和化學解釋的部分到底是什麼？如同查爾莫斯提出的計算和神經機制是無法解釋經驗本身，同樣的，那無法解釋的部分又是什麼？或許查爾莫斯會說就是經驗中的感質部分，但這樣的說法目前無法獲得普遍的學界共識。

另外一個著名的加拿大裔美國哲學家丘奇蘭 (Patricia Smith Churchland) 則認為他的困難問題是一個欺瞞的問題[88]，她認為意識的簡單問題根本就不簡單，而意識的困難問題說穿了我們

對它還不是清楚了解。我想或許以「經驗到紅色的感受」(The redness of the red) 這原型的例子來思考意識的困難問題稍微容易些，這裡指的是無法以光譜和波長等物理性質解釋的「感受到紅色的主觀經驗」。然而，主觀經驗絕對不只有視覺經驗，還包括聽覺、觸覺、味覺和嗅覺經驗等，甚至本體感覺。因此，可以想像我們盤腿坐姿不同時也有相對應不同的主觀經驗，例如當我單腿盤坐時 A 的主觀經驗，及雙腿盤坐時 B 的經驗不同。其實理論上我們甚至也很難確定 A 和 B 經驗具有像經驗到紅色的感受一樣有比較明確可訴說的感質[89]，因此意識的困難問題本身是可能不存在的，至少在以各種感官為基礎的主觀經驗的研究，現今它依然是未竟之地。

　　我部分同意上述兩位持反對意見的學者，就是意識的簡單問題回答起來一點也不簡單，不過根據查爾莫斯的說法，他並不是要說意識的簡單問題「很簡單」，而是相對於意識的困難問題，簡單問題至少是可以藉由「機制」回答。關於無法回答意識的困難問題，他也並沒有排除意識經驗有功能和意識經驗的認知能力，只是他認為這是無法滿足於解釋困難問題中如「像什麼一樣的感受」的經驗現象，因此需要新的理論方法。

　　在這段思想上的戀情的意象，我彷彿看到了意識的困難問題和意識的簡單問題的兩面鏡子分別置於山谷的兩端，中間有一道深深的鴻溝太長太遠使得彼此無法映照。也像是心與物的二元距離，縱使我們直覺地知道我們的心智和物質彼此可能會互相影

響，但這兩者基本的性質－思維的，和在空間中延展的相異，那
該如何成爲彼此交織的理由？

衝破意識的困難問題的兩條路

　　若同意了查爾莫斯區分出意識的困難問題，接下來戀情的
選擇，查爾莫斯給了我兩條路走，期望縮短解釋項以及被解釋項
之間的鴻溝。第一條是探究「經驗的結構」，例如：當我站在某
一空間時的主觀經驗，我第一人稱觀點的位置感和身體的擁有感
都是構成主觀經驗的重要構件，這說明了尤其是在視覺經驗中不
同位置間的關係，經驗是有結構性的，以鑲嵌在經驗中的構件可
以解釋經驗自身。第二條是離析出產生一主觀經驗的程序，也就
是一主觀經驗是如何產生，可做爲神經機制和主觀經驗之間的
解釋橋梁。查爾莫斯的建議是用心理物理的理論 (Psychophysical
theory) 理解刺激和知覺的關係，做爲物理性的基礎和主觀經驗
的中介。

　　查爾莫斯認爲，經驗是非化約式的意識理論基礎，因而可以
擴增心靈哲學之本體論討論的資源。而現今的心理物理學已挖掘
並解釋了頗多神經機制，因而可以作爲主觀經驗與客觀解釋之間
的連接橋梁。

分手的理由

　　然而，我又回到日常生活中的例子思考。失戀時，第一、我不想只是思考並解釋意識的功能取向，因爲我不認爲我失戀時的心情僅僅是我腦神經系統的功能改變，不是僅可以被化約成腦神經機制的解釋，就如同你我在失戀時的心情經驗，讓我們會執著於問題的解答，那深刻的感受是什麼？它爲何存在？但這似乎不是整個認知神經科學界可以回答我們的。第二、對於經驗是否有定性的感質，經驗是否具有結構性，我是存疑的，哲學家丹尼特也否認了有實際上的現象存在，他認爲並沒有感質，例如：回想你第一次喝啤酒時感受的苦澀，你並不是那麼地喜歡它，但之後幾次飲酒的經驗你開始愛上它，所以，喝酒的經驗是變化的。我無法全然被說服於經驗的結構性以及意識有感質，這是我分手的理由，我認爲：

經驗是變動的

只將困難問題放心上
日夢中
意識的河流與意識的戲臺
並無所謂顱相學上的愛情位置
意識

斷流戲臺的燈

夾岸上

起了霧　河谷轉昇透明

經驗消失在日夢的間隙

　　最近，我的思想出軌了，我想意識理論應該是要訴諸於實際的經驗，我不在意是否該將經驗作本體論上的擴增，但我在意經驗的實證能做為意識理論的修正及參考依據。

　　神經哲學這個領域的基本立場是心智即是大腦，我認為認知神經科學的研究與意識的困難問題的關連並不像是查爾莫斯認為的那麼遠。加拿大籍的諾赫夫（George Northoff，神經科學家與哲學家）認為大腦的靜息狀態 (resting state) 研究，恰好是一個可以研究內在時間與空間結構的方向，是意識的前置因素且必要的條件 [90]。這樣的想法顛覆了過去對於心物實體的看法，畢竟我清楚地知道，當我闔起書本、放下咖啡杯時，我的注意力又回到了眼前的餐桌，我已經不再感受到房間碎動，在分手後我的世界有宛如更新了一次一般，我的身體與空間和時間的過渡彼此交織著、變化著……。

進階閱讀推薦書單

1. 格奧爾格・諾赫夫（George Northoff），2016，《病腦啟示：神經哲學與健康心智》。陳向群譯。臺北：臺大出版中心。

2. 奧立佛・薩克斯 (Oliver Sacks)，2018，《意識之川流：薩克斯優游於達爾文、佛洛伊德、詹姆斯的思想世界》。楊玉齡譯。臺北：遠見天下文化出版。

3. Daniel, D.C. (1991) Consciousness explained. Boston and London: Little, Brown and Co.

4. Shear, J. (1997) Explaining Consciousness: The Hard Problem. Cambridge: MIT Press.

83. Chalmers, D. J. (1996). The conscious mind: In search of a fundamental theory. New York: Oxford University Press, p.3.

84. Chalmers, D.J. (1995) Facing up to the hard problem of consciousness. Journal of Consciousness Study 2, 200–219.

85. 例如：用膚電位的反應的量測，可以得知受試者是否處於緊張焦慮的狀態。

86. Nagel, T. (1974) What is it like to be a bat? Philosophical Review 83, 435–450.

87. Dennett, D.C. (1995) Facing backwards on the problem of consciousness. Journal of Consciousness Study. 3, 4–6.

88. Churchland, P.S. (1996) The Hornswoggle problem, Journal of Consciousness Studies 3, 402.408.

89. Chalmers, D. J. (1996). The conscious mind: In search of a fundamental theory. New York: Oxford University Press.

90. George Northoff (2016)。《病腦啟示：神經哲學與健康心智》。陳向群譯。臺北：臺大出版中心。

致漢娜——如何愛這個世界
——給漢娜鄂蘭的分手信

Isabel Lu

在桑內特 (Richard Sennett) 的《匠人》的引子裡和妳不期而遇。我知道桑內特是妳的學生,卻不想到幾年前出版的書裡,他還是提到妳。這也許是說,妳的想法到今天還是引人思考。就像桑內特所言:「優秀的老師給出令人滿意的解釋;偉大的老師——像漢娜鄂蘭這種——則提出問題、挑起懷疑和鼓勵爭辯。」[103]

我在 2019 年南半球的初春給妳寫這封信。時間和空間的錨固很重要。這不僅是 Sheldon Cooper 在《宅男行不行》裡所指的 "my spot",多重平行宇宙中他的唯一的 (0,0,0,0)。也意味著我這個人,我所占據的時空,所經歷的世代,以及隨這次書寫而來的歷史性與歷史性的局限。

我對妳的敬慕源於妳知行合一又冷靜克制的學者作派——這在戰後與妳同時代或當代學界似乎都不尋常。很多學者需要戲劇性,從無窮的人事紛爭中獲取靈感,比如沙特 (Jean-Paul Sartre)。另一些逐漸沉默,不再爭論或行動,變成為寫而寫的工具,比如轉向 (Kehre) 後的海德格。被妳稱為「黑森林裡的陌生人」的海德格,他的「森林之家」,他對荷爾德林 (Friedrich Hölderlin) 的如痴如醉,到後來提出語言是存在所居。這些都與妳形成鮮明對比。對海德格,雅斯培 (Karl Jaspers) 不無遺憾地回應道「我一直以為語言是橋梁」[104],是通向而不是歸處。

我也常想到妳的局外人形象。不同於當今學界體制內崇拜速度和新鮮事物的學術消費主義教徒或者話語販子。妳並不為了

製造話語而生產話語。因為那在妳自己的概念裡，是出於工作(work) 而不是行動 (action)。妳從未試圖開創學派或招攬門徒，甚至不願接受全職教職，每學期都要重新擬定合同，游離在評價體系之外。這一方面需要時運，另一方面我想，這是妳在終身實踐並探索「行動者」的意義。

勞動、工作以及行動——政治作為存在必然

妳問道，當我們從事活動的時候我們究竟在做些什麼？隨後在積極生活 (Vita Activa) 的範圍內給出了勞動 (labour)、工作(work) 和行動 (action) 三種根本性人類活動。

妳罕見地區分了勞動與工作的區別。「勞動是與人體的生物過程對應的活動，它的自然成長、新陳代謝以及最終的衰敗，都服從於由勞動產生的生命必然性，也由勞動灌注到生命過程裡。人的勞動條件就是生命本身。[105]」這種與自然界進行物質交換的勞動，不但是人為維繫自身繁衍、被生物性所役而必然之事，因此毫無世界性可言；而且永無終結，人被囚禁在人身體的自身循環之中。在這樣的狀態下，人是一種勞動之獸 (animal laborans)。

對妳來說，勞動之獸並非一無是處。妳舉的例子是希臘奴隸制。參與式民主，或亞里斯多德所謂的優良生活，在古代希臘之所以能在某種程度上得以實現，是因為奴隸制分擔了家庭生活

中的勞動。在古希臘，公共與私人生活的界限即城邦與家庭的界限。家長將家庭勞動長期(oikia)外包給奴隸，自身解放出來，才可以離開家庭，進入公共領域，參與公共事務（包括觀劇，參加公民大會，參與宗教節日等）。

這樣的話術在近代與工作的概念相混淆。妳認為，工作是「和人類存在的不自然性對應的活動」，這樣的不自然性促使工作之人(homo faber)創造和維繫人造物世界的穩定性。對妳而言，自然有其韌性，有其無常，唯獨沒有穩定性。工作的結果是創造出穩固的家園供有死者存在，並且保留行動與言說這類從生物學角度而言轉瞬即逝又不留痕跡的行為。而這個世界，或家園，應「比萬事萬物更久遠而且超越它們」。

我有時會驚訝於妳對自然力量的觀察如此精確。如果有過在野外露營的經驗，就會發現在自然界中沒有任何事情是一成不變的。海岸線不斷被海水沖刷，岩石被風化。即使住在帳篷中，隔天醒來，地面會被露水和霧氣打濕，滿是夜行動物經過的痕跡，帳篷所處的地基可能會變形，慢慢下沉。如果沒有一個人造物世界在中間，不斷抵抗，自然隨時會捲土重來。就如同歷史頻道拍攝的《人類消失以後的世界》(Life after People) 一般。

然而，我有時又嫌自然之物和人造世界的區分太過生硬。妳說行動和言說本質上和生命一樣空虛，是因為媒介和技術這樣支持人類持存之物鮮少進入妳的考察範圍。這也可以解釋為什麼妳的名字和觀點很少進入當代媒介傳播學的視野。

工作的意義在於爲行動提供了物質基礎和可能性。而行動關乎人的複數性 (plurality)。人的複數性是個很有趣的概念，兼具平等和差異性。妳說如果人不平等，他們就無法彼此理解，也無法了解過去或計畫未來；如果沒有差異性，那人就不需交流，不需要語言或者行動。行動亦關乎政治。對妳來說，政治就是作爲複數的——既平等又有差異性的——人，在公共領域聚在一起，用言語和行爲做決定的過程。人在言語和行爲中被政治過程顯現出來。政治自由實際上就是行動和言論自由。這樣的政治參與也是你對公領域的定義，和情感的私領域相對。

　　妳提出政治應作爲行動，而非工作。政治活動有其特殊性。這種行動指向未來，決定的是在未來很長一段時間的集體命運，而非著眼於個人和當下，因此同時作爲自身的手段和目的。政治應關注在以往和未來的意義上，而不是降格成爲工作，被置於目的論體系中，任憑主權的主體性高於政治內容的構想和參與過程。

　　由此出發，我覺得對當代生活很重要的一點是，政治家作爲職業出現而產生的悖論。職業的產生在現代社會本來並不特殊。比如我租的房子出了問題要和仲介協商，這件事對於仲介來說這只是他的工作，對我來說這是我的家庭生活。或者我生了病要去看醫生，對於醫生來說我是他的工作，對我來說，我約等於自身生命的全部。而醫生職業的產生卻不僅僅如此。生病很大程度上是符合自然過程，是人的生物性使然。我們所說的醫病關係中，

醫生不代表病人，也不代表疾病。尤為重要的一點是：醫生往往並不同時又是醫生，又是病人。也就是說，醫生的職業和病人的生命很多情況下是不重疊的。

但是這裡還有一個區別。政治活動有其特殊性。政治家，以及由穩定政權需要而產生的警察等國家機器，歸根結柢是政治活動和權力產生的仲介。這個職業的產生根本上是民族國家社會協商的結果。因為直接民主在近代以來的人口暴增且流動性增強的社會不可實現。政治家、警察的工作在本質上來說是代表性的。這個權力同民族國家一樣，是社會建構。

然而我們常說的警政民和諧，警政民一家親其實是有問題的。警政是職業而民不是職業。而警政民一家親的說法，會使警政民都忘記了，警政也是民，且不得不是民；而民是平等且多樣的人。甚至有時會使民亦忘記，警政也是民，以致過激言行而將警政推向對立面。這種對立的產生是人為的。也是為什麼我覺得妳說的現代性及社會的產生，以及國家作為巨大的家政服務機構很有道理。使警政身分成為一種全天候的身分認同，成為不思考的行動者，恐怕才是妳所說的平庸之惡。

被解讀和誤讀的妳──與妳作別

雖然勞動、工作和行動這三個概念（或分類法）被經久不衰的爭論，但我認為這個概念的提出意味著一種可能性，即：人類

中可以與人、與己共處於世界中。而不只作爲生物，從屬於自然的一部分；不只作爲消費者，屬於交換市場的一部分；更是作爲公民與行動者，屬於社會這一人爲建構的一部分（當然妳本人對於社會這個概念持反對態度）。然而社會是我們這個時代已經存在且相對穩定的既成事實。

除了這個區分之外，少有理論從人自身存在出發，（或說從人的共存 co-existence 出發），系統有力地論證政治活動和參與活動的必要性。比如在《築居思》（Building Dwelling Thinking）中海德格也曾經嘗試對人類活動進行分類。他寫道此在作爲天地神人的四重體，建築，居住和思考是人的基本行爲方式。雖然他說到既然人是「在世存有」和與人共存的存有，也說到應延伸「關懷」這一姿態，使其不致蔓延到人與人之間，更廣闊瀰散在天地神人之間。卻沒有說應該怎樣建立和協商關懷的規則。他的築居思中，在居住和思考之間忽略了一個很關鍵的維度，而這個維度被妳明確指出並定義爲行動。

還是那句話，政治不只是被建構的，有人就有政治，自然也有暴政。如聖賈斯汀所言「沒有什麼純潔的政權，這太瘋狂──所有的王不是反叛者就是篡奪者。」[106]。而暴民往往是被建構的。對很多人來說，政治是結構必然，而非存在必須。這樣理論的危險之處在於，在集權的語境下，人從一出生就是消費者，要在世上安身立命，娶妻生子，延續種群；公民身分反而成爲被結構所賦予的──無論這個結構是某個政府，或某個科技平臺。

妳的政治理論不只是符號 (symbolic)，也是具身的 (embodied)。這樣的政治哲學影響了與妳同時代的哲學家（如梅勒龐蒂和哈伯瑪斯），也影響了後輩如桑內特 (Richard Sennett)、克里斯蒂娃 (Julia Kristeva) 和巴特勒 (Judith Butler)。然而當今的很多解讀在我看來都有值得商榷之處。下面我從兩個角度結合自己的理解論述如何重塑勞動、工作和行動這三者關係，並討論被妳忽略的權力及其過程的中介化。

　　對於勞動、工作和行動這三個概念的界定，很多學者為求簡化，方便讀者或聽眾理解，而強行將這個三個概念從歷史語境中提取出來，作為通用類別 (generic category) 分配給當代人的某種特定行動上。比如 2018 年 5 月在北京大學的某個講堂上，來自澳洲雪梨的基恩教授 (John Keane) 對妳的解讀[107]。關於勞動，他舉的例子是工人在工廠裡面的流水線上，生產食品。工作是一種技藝，比如製造一把椅子。他補充說他覺得這個概念再被妳引入當代性角度解讀時很有問題，被妳漫畫成卓別林在摩登時代中快樂的機器人。行動是公共演講。用流水線上的工人替代希臘的奴隸是很大的誤會。

　　我能理解基恩教授在北京大學用英文向母語多為中文的聽眾解釋妳思想時的某種侷促，以及不自覺地自我審查。尤其是妳對馬克思的批判，妳說馬克思主義最後實現的是通過消滅討論而消滅政治。某一瞬間他表情有些尷尬，扯了下嘴角笑著對臺下說，這個我們可以再討論。這讓我想到東柏林戲劇大師穆勒在坊

間流傳的一句話。在比較西德和東德的分別時，穆勒說：「共產主義要實現的就是孤獨。西柏林是沒有孤獨的。」

　　還有另外的學術大咖有更深層次的誤解，比如妳的學生桑內特。他自問，爲什麼妳的理論不可以解決技術的「潘朵拉的盒子」的問題？也就是造物主如何才能不被所造之物反噬？又自答道，很多年後他終於明白，因爲妳區分了勞動之獸和創造之人，認爲作爲物質勞動和實踐判斷者的創造之人是勞動之獸的上司[108]。這是很大的誤會。首先來說妳並沒有做簡單的二元區分，如同瑪格麗特・加諾芬在《人的情況》引言中所說，妳的論證大多是三元的。其次，妳並未區分人，妳區分的是活動。

　　首先，我認爲在某些具體歷史背景下，在具體場合中，三種活動可以同時存在某一個具體的人中。如果人可以同時承擔自己作爲動物，製造者，行動者和思想者的存在；妳的三分不應是三種類別上彼此分散的某些行爲，而是同一行爲中可能同時存在的三個維度。而這些維度之間應是可以轉化的。

　　存在從根本上是消耗性的。有消耗就需要有生產，其最根本需求是勞動。當生產和消費都成爲群體性的時候，對剩餘的不同處理態度導致了工作產生。而當一些人或者行爲開始反思作爲整體的自身與所處環境間長久的關係和規則建立時，對應產生的觀念是行動，也是政治參與的維度，區別於職業政治家的產生。因此我認爲，勞動對應的是物資缺乏，工作對應的是價值剩餘，而行動對應時間和思維剩餘。在這些前提下，如桑內特在《匠

人》中所言，技藝人當然可以是思想者。最著名的例子就是庖丁解牛。而消費者在某種程度上也可以聚合在一起，成為行動者，比如粉絲團隊的政治參與，最著名的例子是哈利波特聯盟 (Harry Potter Alliance)[109]。這些粉絲因為哈利波特聚到一起，又不止於追星的行為，而是彼此賦能，現在在世界各地為廣泛的人權事務積極發聲。

其次，我認為公領域和私領域的行為也是可以互相轉化的。就如同妳極力想區分自然和人造世界，妳對私人空間與公共空間的分界太過清晰。感情被你完全局限在私領域內，忽略了人的情感延續不會被閾於這條分野。我贊同桑內特的一點不是妳沒有考慮「遊戲、娛樂和文化」，而是妳對行動的思考太過理性。妳沒有考慮到情感的韌性，而將感情圈於私人領域。所以妳說「我這一生中從來沒有愛過任何一個民族、任何一個集體—不愛德意志，不愛法蘭西，不愛美利堅，不愛工人階級，不愛這一切。我只愛我的朋友，我所知道、所信仰的惟一一種愛，就是愛人。」[110]。不愛抽象集體，只愛具體個人的做法令人敬佩，卻將愛永遠置於暗處的私領域。

舉個簡單的例子，「踢貓效應」在組織動力學中描述的是位置高的人由責罰位置低的人而轉移挫折和不滿的連鎖反應。比如上司責怪屬下，屬下回到家裡，作為父親責罰小孩，小孩不滿無處發洩，只好踢貓洩憤。其實反過來，家庭生活中的愛和陪伴，以及真誠的溝通，亦會塑造我們的整體為人。心底有愛又不匱乏

的人在公共領域才會有希望作為更公正自洽 (self- consistent) 和獨立思考的人出現，難道不是嗎？我們作為行動者，其實是從家庭生活的私領域開始的。

第三，權力及其過程的中介化在當代成為顯學，使得世界的定義受到擾動。而妳從來沒有對溝通和行政權力做出區分。追溯妳對政治行動定義的起源，妳認為人雖然在語言和行動中被顯現，而語言和行動轉瞬即逝，只能在政治集體中被保留而抵達永恆，因為行動是「人們彼此之間唯一不假事物之中介而進行的活動」，因此不可逆亦不可預見。

這點恐怕會惹惱很多媒介學者，尤其是區分了時間偏向媒介和空間偏向媒介的英尼斯 (Harold Adams Innis) 和提出媒介即內容的麥克盧漢 (Marshall McLuhan)。隨後被哈伯瑪斯藉由公共領域的結構轉型而發展為溝通行動理論[111]。人與人之間的行為是以語言為中介的。而權力及其過程其實也是被中介化的，只有如此，溝通的權力才能轉化為行政管理的權力。薩拉・本哈比 (Benhabib) 認為哈伯瑪斯的《公共領域的結構轉型》一書開篇就已經證明，他能夠重塑公共領域的概念，一定程度上應該感激妳[112]。妳的公共領域在很大程度上以同質化和道德信念的一致為前提，訴諸人民的親自到場。而哈氏的公共領域是對合法性的自由主義解讀，即人民以中介的方式通過話語表達贊同，因此話語性的公共領域原則上需要對所有人開放，也需要人們的理性並具有反思性的協商。妳們之間的區別在於：哈伯瑪斯公共領域的開放

要求是外部塑造的，而這種開放性對妳而言是由內部自我形成的。有趣的是，哈伯瑪斯亦沒有對媒介技術物做系統性討論。他雖然提出溝通權力被語言中介化，卻追隨妳的創生性 (natality)，依然堅持對人和物，主體與客體的區分 [113]。

這似乎是在呼應妳對「世界」的人本主義定義。在關於世界的討論中，妳忽略了討論技術和媒介與人的關係。技術媒介在勞動，工作和行動之中體現為非常被動的客體存在。這不能不說是一種人類中心主義。也許越愛這個世界和愛人類，越容易有人類中心主義的傾向。然而整個世界並不能被概括為人與人的關係，也有人與物的關係；物也不單純是自然物，還有機械物，電子物等。行動 (action) 的範圍由於媒介技術可供性 (affordance) 的變遷而產生了變化，導致了權力的變遷。權力瀰散在日常生活內部而不源自外在支配關係——如今權力關係是非線性的和迭代的 (iteration)，需要通過日常傳播和微觀反饋 (micro feedback loop) 來實現。傳播是交往的必備要素。傳播的本質上是如果沒有他者，傳播便不成立。交往模式的變遷與參與式民主中的中介化和技術化密不可分。我認為，應退一步，將共存 (co-existence) 擴展到更大範圍，看到人類歷史與技術歷史糾纏，共同進化的關係。

而當代政治哲學的一個重要命題是，這種社會—技術組合 (sociotechnical assemblage) 對社會關係可能產生的影響。我們每一個個體應該思考的是，我們在未來世界要如何運用技術物的可

能性（可參考可供性的概念，affordance)，從而使（蘊含在每一種行爲中的）行動成爲可能。

總上，妳關於人類三種基本行爲的區分相對生硬，公領域與私領域之間太過涇渭分明，以及對權力及其中介缺乏論述。基於以上三點，也許是時候和妳作別。

在我的腦海中妳是在和君特‧高斯的訪談時隨性的學者，也是閱讀艾希曼卷宗時大笑的離經叛道者；是在馬堡與海德格傳出緋聞的「來自遠方的姑娘」，也是不畏嚴寒在曼哈頓的寒風中告誡桑內特「人不能控制自己所造物」的師長。

進階閱讀推薦書單

1、Butler, J. (2011). Hannah Arendt's death sentences. comparative literature studies, 48(3), 280-295.

2、Benhabib, S. (Ed.). (2010). Politics in dark times: Encounters with Hannah Arendt. Cambridge University Press.

103. 理查德‧桑內特，2015，匠人，李繼宏譯，上海譯文出版社，序章第 8 頁。

104. 莎拉‧貝克韋爾，2017，存在主義咖啡館，沈敏壹譯，北京聯合出版公司，第 268 頁。

105. 漢娜‧鄂蘭，2016，人的條件，林宏濤譯，商周出版社。

106. Saint-Justine 1957, Discours et rapports. Introduction et notes par Albert Soboul, Paris, Editions Sociales [1957], pp.66.

107. https://www.youtube.com/watch?v=kDp-yYl9vgY&feature=youtu.be&app=desktop

108. 理查德‧桑內特，2015，匠人，李繼宏譯，上海譯文出版社，序章第 9 頁。

109.https://www.thehpalliance.org/

110.1963 年 7 月 20 日，阿倫特致索勒姆的信。

111. 尤爾根·哈貝馬斯，1994，《溝通行動理論》，洪佩郁等譯，重慶：重慶出版社。

112. 阿倫特手冊，Wolfgang Heuer et, al. (eds)，2015，社會科學文獻出版社，第 606 頁。

113. 在《人性的未來》中，哈貝馬斯認為，自亞里斯多德以來，利用技術制造的事物與自然生成的事物是絕對對立的。但現代科技卻擾亂了這種界限。

離開羅素的三個理由
——給羅素的分手信

黃烈文 (Litman)

1.

「你是念哲學的，哪你喜歡的哲學家是誰？」

「伯特蘭·羅素吧。」

「爲什麼？」

「喜歡一個哲學家需要理由嗎？」

哲學門派很多，大學念哲學時我把自己分類成分析哲學，可能因爲對邏輯和語言哲學比較感興趣，和對其他門派的不了解吧。語言哲學是必修科目，從中我認識到開山祖師爺伯特蘭·羅素（Bertrand Russell）和弗列格（Gottlob Frege）。以後我就說羅素是我喜歡的哲學家。

2.

那時候會喜歡羅素也不是完全沒有理由，他是貴族出身、周遊列國、在學術圈內外有很有名。別人聽到你喜歡的哲學家是羅素，好像也會對你產生些許敬意。品牌效應外，他回應弗列格時所陳構的描述理論（Theory of Description）100 年後的今天仍然重要，這是十分少見的。這理論始見於羅素在 1905 年發表在哲學期刊 Mind. Vol. 14, No. 56 的文章 "On Denoting"。2005 年 Mind 推出了紀念 "On Denoting" 出版 100 週年的特刊：Mind Vol. 114, No. 456, Oct., 2005。雖然這文章很有影響力，但當時的出版過程並不順利。當時 Mind 的編輯 G.F. Stout 要求羅素不要

出版這文章，原因是其中的核心主張令人難以信服。羅素不服，堅持要出版。

　　要欣賞羅素，我可以從他回應弗列格開始。我們需要一點鋪排，要從弗列格的語言哲學講起。他的語言哲學，簡單來說，就是要對意思 (meaning) 給出一個系統性的分析。什麼是**意思**？請看以下三句句子：

　　「雪是白色的」、「Snow is white」、「Lumi on valge」

　　如果你懂相應的語言，你會判斷這三句有**同樣的意思**。換個角度想，如果沒有所謂語言有相同的意思，翻譯是怎麼可能的呢？我們假設「有真假可言」解釋了這三句有相同的意思，對比說不上是真還是假的「句子」：

　　「火命把命把烈時竹戈用完」

　　事實上，這只是把中文字胡亂放在一起的字串，根本沒有意思，為什麼？根據我們的假設，是因為沒有真假可言啊。

　　似乎我們可以把句子的意思分析為其**真假值**。但意思明顯沒有這麼簡單，以下的句子都為真，但明顯有著不同的意思：

　　「川普是美國總統」、「蔡英文是臺灣總統」

兩句都為真，但它們**為真的條件有不同**：什麼使「川普是美國總統」一句為真呢？就是**事實上川普其人真的當了美國總統**。明顯地，這條件與使「蔡英文是臺灣總統」一句為真的條件不同（根本是不相干！）所以這兩句的真值條件的不同解釋了它們意思上的不同。故此，把意思分析為句子的真值條件比較可行。但不同的句子還是可以有相同的意思，只要它們有相同的真值條件。比方說「蔡英文有法學學位」和「臺灣總統有法學學位」，「臺灣總統」和「蔡英文」都是指同一個人，兩句有相同的真值條件。所謂的真值條件，形式上來講，就是把句子斬開成主語／謂詞：主語代表該句在談論的對象是什麼或誰人；謂詞代表性質。注意「主語」和「謂詞」是語言界的東西，「對象」和「性質」是現實世界的東西。可以把介紹總統的句子這樣斷開：

蔡英文［主語］／有法學學位［謂詞］

想像一下符合「有法學學位」這謂詞的人。有很多，沒錯，這些都是具有有法學學位這性質。又想一下主語這專名「蔡英文」指誰？當然是蔡英文總統啦。我們現在把直值條件界定為：如果現實世界中蔡英文總統是其中一個有法學學位這性質的人，那「蔡英文有法學學位」這句就是真的啦 [77]。至此算是弗列格語言哲學的上半部。

3.

弗列格語言哲學下半部，當然是弗列格謎題(Frege's Puzzles)。看看這兩句：

(1) 現任英國女王很有智慧(The present queen of the United Kingdom is wise)

(2) 現任法國國王是禿頭的(The present king of France is bald)

你應該知道現任英國女王是伊莉莎白二世，你也應該知道現時法國沒有國王，所以(1)的主語「現任英國女王」(the present queen of the United Kingdom)存在相應的指涉對象（referent），而(2)的主語「現任法國國王」(the present king of France)則沒有。若果這兩個主語的意思就是其指涉對象，我們應判斷「現任法國國王」是沒有意思的，但明明就有。再看整句(2)，由於沒有法國國王，現實世界根本沒有相應對象和事態使其真或假。都找不到法國國王，從何談起他的光頭呢？你可能反駁說：這句是真就是因為沒有相應的對象和事態。按這真值條件，任何談及不存在事物的句子，或胡言亂語，都是同一意思，因為有一樣的真值條件……所以，我們用「真值條件」來分析意思這理論有問題，需要修定。這就是弗列格謎題。

弗列格在《意函與指涉》(Sense and Reference)一文中展示

了這個謎題，而他的解釋，如文章標題，就是意函。弗列格認為(1) 和 (2) 意思上的分別是因為兩句有不同的意函 (sense)。「現任法國國王」雖然沒有相應的對象，但有意函。差不多每個人都會問：你說的意函是什麼東西來的？弗列格的形上學答案是：

　　意函一定是公開客觀的，心靈圖像 (mental images) 太過主觀，所以不能是心靈世界 (mind) 的東西。但意函也不能是客觀世界 (world) 的東西呀，這些不就是指涉 (referent) 嗎？如果指涉能解釋這幾個謎題我就不用陳構意函了[78]。所以說，存在著既非心靈亦非物質世界的「第三界」。

　　這解釋很勉強，所謂的「第三界」似乎就只有意函，這第三界除了解釋謎題就沒有其他用途了。意函是用來解釋某些句子在認知意義 (cognitive significance) 上的分別，但這第三界是如何與心靈界互動呢？此外，我們是如何對這些在第三界的意函有知識呢？羅素不滿意弗列格訴諸意函的解釋，他認為要解釋謎題根本不需要意函。

4.

　　根據羅素的描述理論，「現任法國國王」這主語是一套對某對象的描述，而不是指涉某神祕的意函。羅素不要意函，他認為可以透過邏輯分析去化解弗列格謎題。讀到這部分的同學通常有

兩種反應：讀不懂那串邏輯符號的，會心中敬佩；讀得懂的，會把什麼句子也邏輯分析一下。我那時候是後者，也因此會和別人說羅素是我喜歡的哲學家。要更了解羅素的理論，我們還要引伸一下前述的 (1) 和 (2)。研究一下這兩句：

(3) 韓國瑜是禿頭的

(4)[指著韓國瑜其人] 那個人是禿頭的

　　(3) 和 (4) 中的主語有點不同。(1) 和 (2) 的主語在英語上是確定冠詞片語（the+ 名詞片語）；(3) 的主語是專名 (proper name)，(4) 的主語是指示代名詞（that+ 名詞片語）。弗列格認為這三類主語都屬於相同的句法範疇 (syntactic category)，表面上它們的語義都是來自其指涉物，但由於可以有 (2) 這一類其主語沒有指涉物的句子，我們不能以指涉物來解釋它們的意思，所以專名、指示代名詞（如手指著某東西這個動作）的意思也是意函。但意函越來越多，問題也越來越多……

　　羅素的講法不需要意函，但他得先界定他所謂的指涉片語 (denoting phrase) 如下。羅素是英國人，所以他的分類是應用在英語上：

指涉片語 (denoting phrase)		
句法範疇	結構	例子
非確定冠詞片語	非確定冠詞 "a" + 名詞	某隻貓（a cat[79]）
確定冠詞片語	確定冠詞 "the" + 名詞	該隻貓[80]（the cat）
量化詞片語	量化詞 "some" / "all" / "every" + 名詞	有些貓／每隻貓（some / every cat）

　　我們要留意「確定冠詞＋名詞」，羅素把它歸類爲指涉片語，和非確定冠詞片語和量化詞片語同一類。如何理解英語中的小小確定冠詞 "the" 會成爲化解弗列格謎題的關鍵！羅素不要意函，那確定冠詞片語的意思會是什麼呢？粗略地說，非確定冠詞片語和確定冠詞片語在意思上非常接近，"a cat" 和 "the cat" 的分別只是前者我不們不知道是哪隻貓，後者我們知道特定的一隻貓。非確定冠詞與量化詞，"a cat" 和 "some cat" 的意思不是挺接近嗎？非確定冠詞可以理解爲量化詞，**羅素認為確定冠詞也可以理解為量化詞片語**。如果量化詞的意思不是其指涉物，那非／確定冠詞片語的意思也不是其指涉物，也因此 "the cat" 的意思不是某隻特定的貓。這講法需要解釋。你一定會追問「量化詞片語的意思是什麼？」，羅認爲我們可以以謂詞邏輯給出以下的分析：

(5) 有些人是禿頭的 (Someone is bald)

在謂詞邏輯 (5) 一般翻譯為 ∃x. B(x)，可以理解為以謂詞邏輯中的量化詞 ∃x 來模擬 (model) 中文中的「有些」。比方說我們認為如果有些人是禿頭的，則並不是所有人都不是禿頭的，在謂詞邏輯中相應的推論也是對確的。好奇的你一定會再問「『有些人』的意思不就是指涉那個某君嗎？它的意思就是指涉物呀！」謂詞邏輯的解釋是，「有些人」不是如專名一樣直接指涉某對象。設想陳老師教邏輯課，今天她要宣布期末考試的成績。她走進 A 班說「有些人不合格」，他說了什麼？假設班中有三個同學阿強、阿祥和小欣，阿強不合格，老師是說：阿強不合格，或者阿祥不合格，又或者小欣不合格。老師的「有些人」並沒有特別指誰，即使不合格的人是阿強。反過來說，當老師說「有些人不合格時」，三個學生都會感到不安，不正是因為老師沒有指明是誰不合格嗎？

所以說，量化詞片語不直接指涉對象。現在回到導致弗列格謎題的句子：

(2) 現任法國國王是禿頭的 (The present king of France is bald)

主語部分是確定冠詞片語，我們之前因為現實世界中不存在法國國王，所以得出奇怪的真值條件。現在按羅素的講法，「現

任法國國王」的意思根本不是其對象，而是像「有些人」一樣，不特別指某個對象。羅素現在把確定冠詞片語當量化詞片語看，當我們說 (2) 的時候，其實是在說：

(i) 有一個人是現任法國國王

(ii) 若果有另一個人是現任法國國王，他與之前的是同一個人

(iii) 對於任何人而言，如果他是現任法國國王，則他是禿頭的

羅素這個分析是基於謂詞邏輯，諳熟謂詞邏輯的讀者應該明白 (i)(ii)(iii) 能翻譯成：

(i) ∃x. F(x)

(ii) ∀y. [F(y) → x=y]

(iii) ∀x. [F(x) → B(x)]

簡潔一點可以把以上三句寫成一句：

∃x. F(x) & ∀y. [F(y) → x=y] & B(x)

F 表示「現任法國國王」，B 表示「是禿頭的」，整句 ∃x. F(x) & ∀y. [F(y) → x=y] & B(x) 的意思其實就是中文語句 (i)(ii)(iii) 加起來：存在著只有一個禿頭的現任法國國王。值得強調的

是在這個邏輯翻譯中，∃ 和 ∀ 為量化詞 (quantifier)，是謂詞邏輯對於自然語言中「有些」和「所有」的邏輯翻譯，我們以量化詞來翻譯確定冠詞。換句話講，羅素認為確定冠詞 "the" 的意思是來自量化詞 "some" 和 "all" [81]。弗列格的問題在於以句法來指導語義，以為「現任法國國王」對整句「現任法國國王很有智慧」的意思所貢獻的和專名「韓國瑜」在整句「韓國瑜是禿頭的」一樣，都是其指涉對象所以才有區分開意函與指涉的必要。但在羅素的分析下，"The F is G" 這類句子的邏輯形式 (logical form) 並不反映其句法 (syntax)。它並不具 F(a) 這類主語－謂詞結構，而是以上比較複雜的量化句子 $\exists x.\ F(x)\ \&\ \forall y.\ [F(y) \rightarrow x=y]\ \&\ B(x)$。這結構涉及的是量化詞和邏輯變項，沒有邏輯常數，所以其意思不是直接關於世界某個特定的人／物件，就如「有些人是禿頭的」這句一樣，並不直接指涉某一個人。

至此有兩個問題值得研究一下。一）英語有對應的冠詞 "the" 和 "a"，但中文「現任法國國王」沒有冠詞啊，難道羅素的分析只適用於如英語這般有冠詞的語言？不然，羅素分析下的 **"the F" 是一帶有獨特性 (uniqueness) 指涉片語**，中文（我相信其他語言）也有，只是表達上有所不同而已。例子如普通話「狗要過馬路」；廣東話「隻狗鐘意食肉」，都是在說一隻獨特的狗 [82]。二）為什麼要用邏輯來分析自然語言？這和當時羅素他認為理想語言 (ideal language) 和自然語言有重要的區別，前

者是意思準確和不含混 (ambiguouity)。邏輯語言就是所謂的理想語言。透過邏輯分析，我們會「發現」一些日常語言中含混的句子。經典例子如「所有人都喜歡某人／一個人」。這句有兩個意思，可以是**所有人都喜歡某一個人**，可以是**有一個人是所有人都喜歡的，前者被喜歡的不一定是同一個人，後者被喜歡的只有一個人**。謂詞邏輯翻譯可以清晰指出其含混之處：

$\forall x. \exists y.\ L(x,y) \rightarrow$ 所有人都喜歡某個人。

$\exists y. \forall x.\ L(x,y) \rightarrow$ 某一個人是所有人都喜歡的。

　　羅素的解釋不需要陳構意函也能解釋句子 (2) 這種沒有指涉對象的指涉片語——**它們都是假的**，是假的因為「存在著只有一個禿頭的的法國國王」是假的；而這是假的因為其中的「存在著一個東西是現任法國國王是假的，因為現實世界中沒有法國國王。他的分析可以延伸到沒有對象的主語。他對 "The F" 的分析也能解釋其餘的弗列格謎題，並且 "The F" 的意思不是他說了就算。英語為母語的人會同意說 "The F" 的時候，應該是 F 是存在的，並且只有一個 F，這和羅素的 (i) 和 (ii) 吻合。如果喜歡某哲學家需要理由的話，會以邏輯分析來化解弗列格謎題應該是個合理的理由吧！

5.

　　愛一個人不一定需要理由，但分手總要給理由。喜歡或離開某哲學家似乎也是一樣。隨著對語言哲學有更深入的認識，我會反思「到底我是被羅素的論證說服，還是只是看到邏輯符號就覺得有說服力？」、「追隨羅素的話會有什麼理論後果？」、「這講法都已經 100 年了，會不會有更新更好的說法呢？」

　　抽離一下當時的討論背景想一想，羅素所謂的邏輯分析是在幹嘛？我們可以想像羅素是個語言學家，他觀察到英語中的 "The F is G" 涵蘊 (imply) "There exists an F" 和 "There is exactly one F"，前者是存在主張 (existential)；後者是獨特性主張 (uniqueness)，這些都可以用形式語言與謂詞邏輯準確呈現 (represent) 出來。羅素會認為透過邏輯分析可以解決的不僅是語義學問題，也能解決相關的知識論和形上學問題。

　　談到離開羅素的導火線卻不是他的主張在哲學上有什麼問題，而是因為認識了形式語義學 (formal semantics) 後，了解到羅素的邏輯分析在分析語言上有不足之處。形式語義學在 20 世紀中葉發展，其中採用的形式語言比謂詞邏輯的表意力強得多。羅素當時局限於謂詞邏輯，其邏輯分析有不足之處也是無可厚非。但此去向似乎是在所難免。讓我先介紹一下這個形式語言新歡──**類型 λ 演算 (Typed Lambda Calculus)**。

　　類型 λ 演算和謂詞邏輯一樣，都是基於以形式進路去模擬 (model) 自然語言，但兩者有甚大分別。考慮句子「約翰跑步」，

以下是我們熟悉的謂詞邏輯翻譯：

「約翰跑步」 ↝ R(jh)

這個邏輯形式呈現了句子中的「主語─謂詞」結構。主語部分是對象約翰，翻譯為邏輯常數 jh；謂詞部分為跑步這性質，翻譯為 R。但在類型 λ 演算中則會分析為以下的樹狀圖：

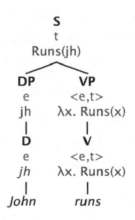

類型 λ 演算中的限定詞組 (DP) 和動詞組 (VP) 在句法上與謂詞邏輯中的主語和謂詞一樣，但值得留意的是，動詞組中的邏輯翻譯：λx. Runs(x)，其中的 λ 運算子並不在謂詞邏輯系統中，它有什麼用呢？它的意思大概是把 jh 從 R(jh) 中「抽」出來，變成這個奇怪的東西 R(_)，λ 這個運算子就指示什麼可以「填」

進去，"λx."表示可以填"x"這個邏輯變項進去，表示為：λx. Runs(x)。λx. Runs(x) 的意思大約是一句不完整句子「__跑步」。誰跑呀？你知道不是任何東西都可以填進去，人如約翰可以，但性質就不行，「高 1.6 米跑步」是不符合語法的。換句話講，把 Run(jh) **抽象化**會得出 λx. Runs(x)。

自然語言不合語法的組合，相應的類型 λ 演算組合也不應合語法。在語法上，類型 λ 演算 系統通過所謂的類型 (type) 去模擬自然語言（英語）的語法，每個句法範疇都有其類型，主要有類型 e 和類型 t，"e"取自英語中的 entity，物件，"t"取自 truth，真假值。例子中 λx. Runs(x) 的句法範疇是 VP，其類型是 <e,t>，這是有序數對，e 然後 t，意思大約是你先「填」一些類型 e 的東西進去，之後你就會得到類型 t 的東西。而約翰 jh 是 DP，類型 e，所以我們可以「填」進去，然後得到 Runs(jh)，有真假可言的句子，所以是類型 t。現在可以解釋為什麼「高 1.6 米跑步」是不合語法的。性質「高 1.6 米」的類型和「跑步」一樣，都是類型 <e,t>，因為兩者都是把主語抽象化（「__跑步」和「__高 1.6 米」）。當我們說「高 1.6 米跑步」，類型是 <e,t> 的「__高 1.6 米」填進類型是 <e,t> 的「__跑步」之中。但類型 λ 演算不容許我們這樣做，因為可以填進 <e,t> 的只可以是類型 e。

回到羅素，他說「現任法國國王是禿頭的」的邏輯形式是 ∃x. F(x) & ∀y. [F(y) → x=y] & B(x)。這次的類型 λ 演算樹狀圖看上去比較複雜：

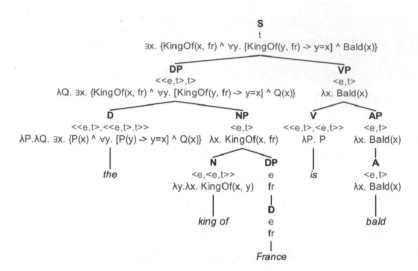

　　但其實也不是這麼複雜。在頂端的 S 其實就是在謂詞邏輯
中的翻譯，只是現在我們根據其句法，把整個句子的內部結構呈
現出來，並把每部分都分配相應的邏輯形式。現在對類型 λ 演
算有了初步的認識，我可以開始展示離開羅素的理由了。

6.

理由 1 ："The F is G" 的句法並不誤導

　　「現任法國國王是禿頭的」的句法結構和「韓國瑜是禿頭
的」一樣，都是「主語—謂詞」的結構，但其邏輯翻譯卻是 ∃x.
F(x) & ∀y. [F(y) → x=y] & G(x)，意思是「有並且只有一個禿頭
的現任法國國王」，這與 B(a) 有大分別。留意在翻譯中 "the"
並沒有一個相對的表達式，翻譯中只有量化詞 "∃x" 和 "∀y"

也有連接詞 "&"。羅素因此認爲在 "The F is G" 這情況中，我們不應以句法的結構來指導其邏輯結講，"the" 這字本身並沒有意思。同樣道理，"some" 在謂詞邏輯中也沒有獨立於整句句子的意思。

以上我們忠於羅素，認爲 "the" 是有獨特性來分析 "the" 在類型 λ 演算中的邏輯形式。在類型 λ 演算的樹狀分析中，我們可以看到每個字怎樣一步步的「疊加」起來，成爲較「大」的片語，最後成爲句子。背後的法則就正正是以句法結構來指導邏輯形式，所以弗列格以句法結構來指導邏輯形式其實有道理。明顯地，"the" 在類型 λ 演算中有獨立的意思，它的邏輯翻譯是 $\lambda P. \lambda Q. \exists x. [P(x) \wedge \forall y. [P(y) \to x=y] \wedge Q(x)]$，類型是 $<<e,t>,<<e,t>,t>>$，我們可以「填」類型 $<e,t>$ 進去，即是 $\lambda x. KingOf(x, fr)$，把這個代入其中的 P，得出 $\lambda Q. \exists x. [KingOf(x, fr) \wedge \forall y. [KingOf(y, fr) \to x=y] \wedge Q(x)]$，「有並只有一個個法國國王」可以這樣在類型 λ 演算中呈現出來。羅素因爲當時只有謂詞邏輯的局限下才會結論 "the" 並沒有獨立於整句的意思。值得多說一點的是，我們一直比喻地說的「填進、得出」其實是就函數關係，類型 λ 演算 的這個核心概念就是來自弗列格。所以說，羅素對弗列格的批判不見得很有道理。

理由 2："The F" 和 "Some F" 不是同類

羅素把 "the F" 和 "some F" 都歸類爲同一個他稱爲指涉片

語的句法範疇,這亦能反映在類型 λ 演算中。"the" 的邏輯翻譯是 λ P. λ Q. ∃x. [P(x) ^ ∀y. [P(y) -> x=y] ^ Q(x)] ; "some" 的邏輯翻譯為 λ P. λ Q. ∃x. P(x) ^ Q(x),而其中 "the" 和 "some" 的類型都是 <<e,t>,<<e,t>,t>>>。這吻合羅素說它們都是同一個句法範疇的講法。所以 "the F" 和 "some F" 都是類型 <<e,t>,t>>。由於不是類型 e,兩者都不是直接指涉對象。

但我們有證據支持 "the F" 其實是類型 e,而 "the" 其實是類型 <<e,t>,e>,由此 "the F" 其實直接指涉某對象。但這有點奇怪,為什麼同一個字 "the F" 可以在同一個句法範疇 DP 上有不同的類型?答案涉及類型 λ 演算是怎樣決定邏輯形式和類型。其中一個決定因素是其他句法範疇的類型和到底是哪一個類型填進哪一個類型,看看以下這個樹狀圖,和之前的一樣,但簡化了不相關的枝節:

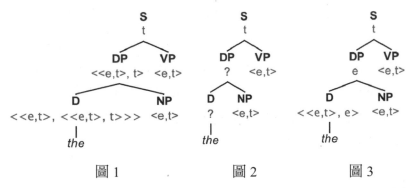

圖 1　　　　　　圖 2　　　　　　圖 3

在圖 2,假裝我們不知道 DP 和 D 的類型,而圖 1 和圖 3 都是合理的可能性。圖 1 是原本的樹狀圖,DP 的類型是

<<e,t>,t>>，能填進去的類型是 <e,t>，這正是 VP 的類型，所以在圖 1 和原圖中，我們是把 VP 填進 DP，這亦決定了下面 D 的類型。但我們可以反過來，在圖 3 中，我們是把 DP 填進 VP。我們知道可以填進 VP 的類型是類型 e，所以 DP 的類型是類型 e。留意不管 DP 是哪個類型，最後的 S 也會是類型 t，是殊途同歸。所以句法結構上容許 DP 是類型 <<e,t>,t> 或類型 e。

但到底是哪一個？這時我們可以考慮到底類型 <<e,t>,t> 和類型 e 的主語有什麼特性。如果 "the F" 是類型 e 的話，"the F" 應該有類型 e 主語的特性。類型 e 主語有以下三個特性：

1) 子集至超集推論 (subset to super set inference)
2) 非矛盾律 (Law of non-contradiction)
3) 排中律 (Law of excluded middle)

類型 e 主語可以通過以上三個推論，所以 (1)(2)(3) 就像是類型 e 主語的測試：過了，就應該是類型 e；過不了，就應該不是。現在我們看看 "the F" 能不能通過這個類型 e 主語測試。主語我會用 "The man"，中文只好用「那個男人」，注意我們要以英語作準，因為中文沒有冠詞：

子集至超集推論		
英文	中譯	邏輯推論的意含
The man came yesterday morning	那個男人昨天早上來了	前提真結論必定不能為假，所以是邏輯對確的推論
The man came yesterday	那個男人昨天來了	

矛盾律		
英文	中譯	邏輯推論的意含
The man is on this side of the mountain and the man is on that side of the mountain	那個男人在山的這一邊並且那個男人在山的那一邊	那個男人不可能同時在山的兩邊，兩子句以「並且」組合起來一定為假，確證了非矛盾律

排中律		
英文	中譯	邏輯推論的意含
The man on this side of the mountain or the man is on that side of the mountain	那個男人在山的這一邊或者那個男人在山的那一邊	兩個子句子不能同假，那個男人如果不是在山的這邊，就是在山的那邊，確證排中律

　　以上證明了"the man"為主語的句子可以通過這三個類型 e 的測試，這是"the F"為類型 e 的證據。但這並不足以推翻羅素認為"the F"和"some F"是同類的講法，說不定量化詞主語

也能通過三個測試，所以"the F"和"some F"其實都是類似的 e！所以下一步我們要證明的，**就是量化詞主語不是類型 e。如果量化詞主語不能通過測試**，我們就有證據說量化詞主語不是類型 e。量化詞主語我會考慮"some man"（「有個男人」）和"at most one man"（「最多有一個男人」）。

子集至超集推論		
英文	中譯	邏輯推論的意含
Some man came yesterday morning.	有個男人昨天早上來了	推論對確
Some man came yesterday.	有個男人昨天來了	
At most one man came yesterday morning.	最多一個男人昨天來了	推論不對確，可以是一個男人昨天早上來，另一個男人昨天晚上來
At most one man came yesterday.	最多一個男人昨天來了	

矛盾律		
英文	中譯	邏輯推論的意含
Some man is on this side of the mountain and some man is on that side of the mountain.	有個男人在山的這一邊並且有個男人在山的那一邊。	如果有兩個男人各自在山的兩邊，整句是真，所以違反了非矛盾律

At most one man is on this side of the mountain and at most one man is on that side of the mountain.	最多一個男人在山的這一邊並且最多一個男人在山的那一邊	同上

排中律		
英文	中譯	邏輯推論的意含
Some man is on this side of the mountain or some man is on that side of the mountain.	有個男人在山的這一邊，或者有個男人在山的那一邊	可以是兩個男人各自在山的兩邊，兩子句可以同真，違反了排中律
At most one man is over 30 years old or at most one man is under 40 years old	最多一個男人在山的這一邊，或者最多一個男人在山的那一邊	同上

　　雖然「有個男人」可以通過子集至超集推論，但它不能通過其他兩個測試，所以我們有理由說它不是類型 e。但以上我們只考慮了 "some F" 和 "at most one F"，如果我們考慮更多不同的量化詞，說不定有些能通過所有測試。此外，類型 e 的主語可能有其他特性我們這裡沒有考慮，說不定有些量化詞也有類型 e 的特性。這不是沒可能，但以上我給出了量化詞主語不是類型 e 的證據，這些都反對羅素認為量化詞和確定冠詞是同屬指涉片語這句法範疇的講法。

理由 3：“The F”的意思就是其對象

最後是來自史陶生 (P. F. Strawson) 的著名文章 "On Referring"。根據羅素的分析，「現任法國國王是禿頭的」這一句**是假的**，因為根本不存在所謂的「現任法國國王」，也就是說「現任法國國王」這主語沒有相應的指涉物。史陶生的反駁，簡單地說，就是反問一句「真的是假的嗎？」。他認為羅素這個關於句子真假的預測不正確，以例子說明一下。

小欣：「阿強，你的哥哥長得好帥」

但阿強根本沒有哥哥！你是阿強的話，你會怎麼回應？

回應 1) 阿強：「不是啦，我不認同你說我哥哥很帥」
回應 2) 阿強：「我沒有哥哥呀，你是不是搞錯了什麼？」

你應該會覺得回應 2 是比較自然，理由是小欣的話預設 (presuppose) 了阿強有一個哥哥，由於這個預設是假，我們應該否定小欣的話。回應 1 反映的是羅素的講法：由於「你的哥哥長得好帥」涵蘊「你的哥哥存在」，然而後者是假的，所以小欣的整句是假的。羅素的講法有這個後果是因為他以**邏輯涵蓋 (logical entailment)** 來理解「你的哥哥存在」和「你的哥哥長得好帥」之間的關係。史陶生認為涵蘊關係除了邏輯涵蘊關係以外還有**預**

設關係。在這個例子中我們不應該理解為邏輯涵蘊關係，而是預設關係。回應 1 中阿強沒有反駁小欣的預設，並且似乎在說他的哥哥不帥，這明顯有問題。

預設關係的情況其實有很多，還可以有意想不到的效果：

語境：大家都在懷疑藝人 K 背著他的女朋友與藝人 C 密會
記者：「K 先生，你有後悔過與藝人 C 在酒店密會嗎？」
回應 1：「我有後悔……」
回應 2：「我沒有後悔……」

不管 K 先生肯定或者是否定「我後悔與藝人 C 在酒店密會」，他的答案都肯定了「我與藝人 C 在酒店密會」這句子，如果 K 先生和羅素一樣以邏輯涵蘊去理解這兩句的關係，他怎麼說都會出事，守不住祕密。如果 K 先生像史陶生一樣以預設關係去理解的話，他可以直接否定記者整個問題：

回應 3：「你的問題有不當的預設，我不會回答你。」

這其實是記者套資料的方法，你一定可以找出更多更好的例子。羅素分析 "The F" 沒有考慮到這些情境，所以才認為只需要有邏輯涵蘊關係，但明顯的 "The F" 可以理解為預設關係。應用在我們熟悉的國王例子：

阿強：「法國國王是禿頭的，是不是？」

回應1：「這是假的，因為法國國王存在是假的。」

回應2：「你的話預設了法國國王是存在，但根本沒有法國
國王，我說不上他是不是禿頭。」

哪個回應聽上去比較順耳？

7.

　　至此我算是展示了離開羅素的三大理由。歸根究柢，始乎都是因為有更好的形式語言，所以羅素當年的分析有不足之處。但當時集中於語言的分析哲學也是雛形，有系統的語義學及形式語義學根本還沒有開始發展。有些哲學家終身只承認一個哲學主張，羅素可不是這樣，他在改變想法上也是很有名的。我想如果羅素親歷這 100 年語言哲學和語言學的發展，他亦會和 1905 的自己分手。

進階閱讀推薦書單

1.Coppock, E. & Champollion, L. Invitation to Formal Semantics draft :http://eecoppock.info/bootcamp/semantics-boot-camp.pdf

2.Ramachandran, M. (1993). A Strawsonian Objection to

Russell's Theory of Descriptions. Analysis, 53(4), 209. https://doi.org/10.2307/3328238

3. Ramachandran, M. (2008). Descriptions and Presuppositions: Strawson vs. Russell. South African Journal of Philosophy, 27(3), 242—257. https://doi.org/10.4314/sajpem.v27i3.31515.

4. Russell, B. (2005). On Denoting. Mind, 114(456), 873—887.

5. Strawson, P. F. (1950). On referring. Mind, 59(235), 320—344.

77. 準確一點，在謂詞邏輯中表達為：⟦P(a)⟧M = 1 if ⟦a⟧M ∈ ⟦P⟧M，不然就是 0。話說回來，這個謂詞邏輯也是弗列格弄出來的：https://www.philomedium.com/blog/79805

78. Frege 1918-19 p.69 "So the result seems to be: thoughts are neither things in the external world nor ideas. A third realm must be recognized. Anything belonging to this realm has it in common with ideas that it cannot be perceived by the senses, but has it in common with things that it does not need an owner so as to belong to the contents of consciousness."

79. 羅素原文是用 a man, the man。

80. 中文沒有相應的冠詞，只好勉強用「該隻貓」。

81. 準確一點講，應該是來自 "all"，因為羅素認為 "No F is G" 是 "All F is not G"；"Some F is G" 是 "It is not the case that all F is G"。

82. Lisa Lai-Shen Cheng and Rint Sybesma, Linguistic Inquiry, 1999 30:4, 509-542

自我成長的修練之路，
我除了仰望你，還能怎麼走？
——給牟宗三的分手信

蘇子媖

牟宗三開出儒學與康德學說對話的論點

　　人的一生中能遇到天才不容易，即便遇到也不敢下定論，頂多就是說：「某某某很有聰明、厲害！」畢竟在中國的文化裡講求蓋棺論定。

　　而在天才之後出生的後輩，都常都只有仰望天才的分。

　　對於牟宗三先生，我就一直覺得我也只有那仰望的分。

　　儒家，你說他團結也行，你說他排外也行，反正從孔子、孟子一路往下雖有小小旁宗別枝的詮釋，但基本上還是依著孔、孟的論述發揚光大。

　　這一路走下來多次與道家、佛家相較量，但基本上還算大宗，最少占著學術主流的位子。而這強勢的主流地位，直到 19世紀西方文化思想的輸入而開始受到挑戰；先是由政治面君主統治的挑戰，後到家庭倫理觀的迂腐質疑。

　　但西方的月亮才沒比較圓呢！

　　中國儒學學者很多就在此時企圖證明儒學是能夠與西方哲學相溝通的；其中，牟宗三先生透過「康德學」的對話，展開儒家的力度。

　　關於牟宗三先生融通康德學說，後世學者有兩方說法：一是如牟宗三的弟子林安梧（當代新儒家代表人物之一）所認爲的牟先生；是有意識的融通[25]；這意義來自於致力使其儒學能與西方相對話。但也有如牟宗三弟子楊祖漢（致力於傳承新儒家思想，

當代新儒家代表人物之一）所認爲的牟先生；是在做「大判教」的工作；將各種不同義理思想，做客觀的衡量，使與其相關的思想能得其所在[26]。因此，儒、釋、道、康德的融通，不過是剛好而已。

不管是「有意識的融通」，抑或「剛好而爲之」，西方的思維與儒家的思維剛好是兩個世界。

現代西方的儒學研究者安樂哲 (Roger T. Ames) 於 2011 年提出「儒家角色倫理」(Confucian role ethics) 的論點，認爲西方主義強調個人主義 (individualism) 的特質可表現在他們對於「人」(Human Being) 的探求上，而非中國哲學關於「成爲人」(Human Becoming) 的關注。[27] 這主要因於人被整體的用關係來看待，而不是單獨的存在著[28]，而這關係通常是落在社會與家庭中。

這也是爲什麼中國哲學特別重視「倫」的建立，藉由家中父子、夫妻、兄弟良好關係的養成，由此擴張到社會上，呈現出上司下屬與夥伴的良好關係。換句話說，用點、線、面來看中國哲學與西方哲學，中國哲學是以「面」去思考的；我跟你之間有關係，你跟他有關係，他跟我之間有關係，而要處理與思考的就是我們三者間，這個「面」。如果不談群體，個人也能形成「面」；獨立的我與天（所處時間）有關係，與地（所在之處）有關係，我與天地形成的這個面，是中國儒家學者會去思考的。

中西兩方哲學的差異性，發展到現代已很明確、成熟。只是在當時 19 世紀西方哲學與儒家哲學初交手時，西方分析、邏

輯的路術，對之於儒家那一體整全的論說風格時，構成重大的挑戰。

有鑑於西方分析、邏輯的風格，儒家學者致力於使其學說能與西方相對話。

其中，牟宗三先生就以西方哲學家大咖中的大咖爲對話對象，他重譯康德三大批判（《康德「純粹理性之批判」》、《康德：判斷力之批判》、《道德的形上學之基本原則》與《實踐理性之批判》）。牟先生不只翻譯而已，而是認眞的消化，最後針對康德的學說，主張「智的直覺」的反思，可以說開展出中國哲學家理解、消化康德，並與其對話的新境界。

回到剛剛前頭說的，中國哲學是以「面」來思考問題。由於思考到「我」這個體不是單獨的存在，而是時時刻刻以角色的方式與他人發生關係，所以能有更多的反思與包容 (reflexive and inclusive)，而這反思與包容的最高表現即是儒家所強調「仁」的概念。牟先生則是將這概念提升到本體的地位，強調這「本心仁體」展現在「智的直覺」，帶出儒學的「知識性」與「形上性」。

牟先生以「物自身」是否可知？這個提問，劃出了儒學與康德學的大分野。康德基本上認爲「現象」與「物自身」是一件事物的深、淺兩面，而所有人因爲知性主體的限制，只能停留在「現象」的理解。

但牟先生認爲，儒、釋、道因爲對於「人」這主體思考的不同，基本上是可以突破知性主體的限制，承認人也同時能認識到

「現象」背後的「物自身」。

簡單來說，康德學說與儒學之間的差異在於「我」這主體的看待方式。

牟宗三先生認為「我」有三個面向：統覺所表示（所意識到的）是單純的我在；依感覺直覺，則為現象；依智的直覺，則為物自身。這都是同一個我[29]。康德對人這主體的信任程度只停在「感覺直覺」這層次；而儒家則是相信人有「智的直覺」。

而智的直覺到底是什麼呢？

牟宗三先生認為：「直覺，就概念的思想說，他是具體化原則 (Principle of concretion)；就事物之存在說，如果他是感觸的直覺，則它是認知的呈現原則 (Principle of cognitive presentation)，（此時他是接受的，不是創造的，亦需有思想之統一，而統一須假乎概念）如果它是智的直覺，則它是存有論（創造的）實現原則 (Principle of ontological (creative) actualization)[30]。」在此，所謂具體化原則，是指促使一件事物被全面理解的觸媒；呈現原則，是指這事物，以我們所能理解方式，展現於我們感官的被理解原則；實現原則，則是指在感官之外，加入外於感官的理解方式（直覺），使得在獲得此項事物的理解更為全面。

簡單來說，智的直覺就是一種「心」，因為道德感而發出的知[31]，不是單純的感覺、感觸，是帶有道德的判斷；而這樣的詮釋其實與孟子的「本心」是雷同的。也是張橫渠所言「德性之知」[32]；是「誠明」含有「智」的德性之智慧。

因此在康德所強調的三個設準：「自由意志」、「靈魂不滅」與「上帝存在」下，在牟宗三看來，若「智的直覺」是人自然而顯得，並且上廓天地，則康德所列的「靈魂不滅」與「上帝存在」是可以不依賴的預設。儒家的理論透過「智的直覺」（「人」這個本心仁體）這一關鍵樞紐，而使得道德界與自然界不待通而自通。[33]

在此，牟先生用嚴謹的知識性分析確立了儒家「道德的形上學」的完備說明。

學說與當代文明或生活的連結

說到儒學的特質，多數人的直覺是：重視禮教、重視倫理、重視道德、話語含蓄。如果認為我的形容有點抽象，或許你可以看一下王家衛 2013 年所執導的《一代宗師》。

這部片子雖說以詠春拳大師葉問為主軸，描述大時代下與眾多武術家的故事。但整部片子的文字對話非常的儒家。

舉個顯而易見的橋段，就像其中描述宮若梅（宮二）與馬三對戰的那一幕，其對白就非常具有儒學氣韻；此一幕宮二除了在形式上要報馬三的殺父之仇外，更欲在無形中確立宮家「六十四手」的武功，並無外流，依舊在她手上。

而這段話儒學的味道即在，宮二即便恨極了這殺父仇人，在對話時也只是淡淡一說：「該燒香燒香，該吃飯吃飯，該辦的事，

天打雷劈也得辦。宮家東西，你今天必須還。」

換成現代白話文就是「你給我血債血還來！」

而換作儒學話語來說，所有表現都是有邊界的。即使人到極恨處，也知道那恨，是有邊界的。

為何要有邊界？那是因為不自大，知道自己在天地之間的位子是什麼；能做什麼、該做什麼、做到什麼分位、什麼是你剛剛好該拿的。

人在天地之間只不過是在尋一方之安頓，這安頓若「貪」就不適宜了；然而沒做到，又愧對「人的良知」這本心仁體。

而這安頓不見得是實體位子，更多的是內心的定錨，而這定錨就是在所有關係中，自己認為最適切的狀態。而儒家的學者們也在尋找學術安頓之定錨。

儒家不管在思想上或是人才養成上，一直以來在中國社會都是處於主流的位子，中國知識分子沒有不讀儒家經典的。而這些知識分子或是從政擔任行政職，抑或講學、當私塾老師。因此儒家特質除了大家習以為常的「道德」、「修養」外，還有一塊是經世的「外王」學問；「內聖」、「外王」相輔相成。

余英時先生（首屆唐獎「漢學獎」得主，唐獎的頒獎理由形容余氏「深入探究中國歷史、思想、政治與文化，以現代知識人的身分從事中國思想傳統的詮釋工作，闡發中國文化的現代意義，論述宏闊、見解深刻，學界久已推為海內外治中國思想、文化史之泰斗。「究天人之際，通古今之變」為傳統學者治史之宗

旨，余先生以其研究撰述與人生實踐，對此語做了最佳的現代詮釋。」[34]）提到：

　　中國傳統的價值系統是以儒家為中心而形成的……因此傳統價值系統的動搖也始於現代知識人對儒家失去了信心。儒家的理論從個人修身逐步擴大到齊家、治國、平天下，可以說是無所不包的整體。近代中國對儒教的批評最初雖是從治國、平天下（所謂的「外王」）方面入手（上推至 19 世紀中葉），但很快便發展到齊家的層面，最後連修身也不能倖免。於是儒家的價值系統整個都動搖了。[35]

　　之所以為知識人所批評的其實源自於儒家「經世」的萎縮。其原因在於儒學的性質不只是單單的哲學或宗教，而是「一套全面安排人間秩序的思想系統」[36]，如此，就特別與「制度化」的生活方式相關聯。

　　而余英時指出這事實正是為了說明儒學的現代困境根源：「近百餘年來，中國的傳統制度在一個個地崩潰，而每一個制度的崩潰即意味著儒學在現實社會中失去一個立足點。」[37]

　　換句話說，現代將儒學視為知識性、修養性的哲學這樣的理解只能是「跛腳」的儒學，沒有加上制度化的見解翻新；或是外王的突破，儒學永遠不完整。

　　在此，定會有新儒家的學者跳出來說，為符合現代政治需

求，牟先生以「科學」與「民主」，定義爲「新外王」的指標。

但我想問的是新儒家的學者們，認爲這「新外王」的指標成功了嗎？

牟先生的「新外王」其實最後以「良知自我坎陷」來做說明，意思是：透過人人皆本有的良知，若良知能「自覺」，則「科學」與「民主」是人自會追求並實踐的；而所追求的「科學」與「民主」是循著善來做考量。

這樣的「科學」與「民主」是回到很內在良知修養的自覺上，這樣的詮釋充滿著對人性的滿滿信心，是讓人感動的，但眞能有效的與西方科學哲學、政治哲學相對話嗎？若是不局限於學術上的較量，在現實生活中儒學「經世」了嗎？

分手理由

借用余英時先生的話：從現代觀點來說，古文運動屬於文學史，改革運動屬於政治史，道學則屬於哲學史，範圍各別，時間分段，似乎可以個別處理，不相干涉。但深一層觀察，這三者之間卻貫穿著一條主線，即儒家要求重建一個合理的人間秩序。[38]我認爲這要求是儒家研究者的天性，這會回到儒家在思考問題時是用「面」來思考萬物的態度。

我從不遮掩自己喜愛儒學，並致力推動儒學傳播的事實。但我常想，現在新儒家所展現的各方面都縮在學術圈的舒適窩中，

在思考上只在繼承儒家傳統的「道學」上著墨；在連結上也開不出「外王」，這樣的處境我滿意嗎？

對於牟先生其博大精深的學問，我除了仰望，我還能如何？再詮釋？再爬梳嗎？

最後我歸結我想分手的理由有二：一、由於自己的性格，比起在「道學」上著墨，我更希望自己走出儒學得以與現代社會連結的路徑。二、不喜門戶鑑別。

而這兩個理由，都來自於我接觸余英時先生的著作而慢慢形現的。

余英時的老師是錢穆先生，錢穆以《國史大綱》奠定了他在史學無法撼動的地位。承其師門，很自然的余英時所關注的也是在史學上的研究。

然而自古文史不分家，而哲學與史學呢？

余英時於其自傳中提到一小段，我覺得很能給新儒家後輩做個提醒：

錢先生雖有明確的價值取向——他信奉儒家的價值系統——但他並不把自己的價值系統（相當於古人所說的「道」或「道統」）直接向我灌輸。……他似乎認為只要我具備讀書和研究的基本能力，最後自己便能找到「道」。……錢先生始終鼓勵我對中國文化傳統求得一種深入的整體理解，找出它作為一個源遠而流長的文明體系的特徵所在。其實這便是他心中的「道」，但是

我必須「深造自得」，不能直接把他求「道」所得接收過來，以為己用。[39]

不拘泥於某個價值系統，使得心態開放；又以整體性來挖掘每個細緻的轉折，找出其特徵，使得學問嚴謹。而這樣的能力正是他文中所言：「只要我具備讀書和研究的基本能力，最後自己便能找到『道』。」而我覺得這也是余英時先生之所以能成為當代著名史學家的重要原因。

反觀新儒家的多數後輩（徐、唐、牟之後）多為「道統」所局限，以孔孟下接陽明，後以牟宗三、徐復觀、唐君毅，為學術發展之主脈。雖有論述朱熹者，但其實也在道統的換句話說中演進。

新儒家自成一氣，有其明顯壁壘，到底始於何時？可由余英時的自傳中，描述唐君毅先生一段話而得以窺見：

唐先生肯主動地寫「宣言」（〈為中國文化敬告世界人士之宣言〉），表示他有意聯合同志，建立起一個鮮明的思想壁壘，這便是今天中外流傳的「新儒家」；……錢先生的文化觀點和張、唐諸先生大同小異，他之所以拒簽「宣言」主要不是由於思想分歧，而是為了避免引起門戶壁壘之紛爭。[40]

唐君毅、牟宗三、徐復觀三先生，有段時間各自分別於港、

臺工作，雖然學術上互有交流，但還是在地域上有所受限，真正打響新儒家名號是直至 1960-1978 年間，三先生共同於「新亞書院」教書，才引起國際學術界的重視。[41] 而後，不但對外讓國際注意到新儒家，對內也促成儒家研究的凝聚力。

因此，有壁壘到底好或不好？如同西方的德國觀念論、經驗主義……等。我覺得這壁壘沒有好不好，只有喜不喜歡。

而我的性格在這樣學習論證的自我受限上，是不太喜歡的。

余英時教我儒學應該整全的學習

為何不喜歡？那是因為我並沒有把儒學單純視為學術派別，而是視為文化特質來看。

兩者有何差異？我認為最簡單的分別是：學術派別是「專」；文化特質是「通」。

而這「通」的想法，是我接觸到余英時先生的學說才有的。

我喜歡余英時是從我讀他一系列討論中國知識分子的書籍開始，余英時先生幾乎所有的著作都跟討論知識分子有關係，而知識分子很大部分會與儒家相重疊。

余英時先生透過歷史脈絡的分析，清楚的說明為何儒學在近代社會／知識界不討喜的原因。而這一部分的交代，新儒家學者會以「新外王」自我安慰，或是不喜歡談的。

余英時於此很感慨的說：

今天的儒學似乎只能在大學哲學系中存身，而且也不是每一個哲學系中都有儒學。……這樣的儒學其可能的最高成就是什麼？是不是即在於通過西方的思辨方式而最終取得與西方的哲學界、宗教界平等對話的資格？在學術上，傳統儒學是博雅與通識兼顧而尤其重視會通，今天西方學術越來越專業化的趨勢，儒學是不是還能保持這個理想？或者必須有所選擇甚至竟走專業化的道路？如果走選擇的路，取捨的標準是什麼？如果走專業化的路，究竟儒學的專業又是什麼？[42]

　　這些問題都深深的打擊我的心臟，讓我反身自問，被視為知識的儒學，究竟是什麼？「內聖」、「外王」還能實踐嗎？

　　關於「內聖」、「外王」，余英時有精闢的論說，其中一段他提到王陽明是「內聖」、「外王」轉化的樞紐：

　　明代理學一方面阻於政治生態，「外王」之路已斷，只能在「內聖」領域中愈轉愈深。另一方面，新出現的民間社會則引誘他掉轉方向，在「愚夫愚婦」的「日用常行」中發揮力量。王陽明便抓住了這一契機而使理學獲得新生命。故他於《全集》卷三中提到「你們拿一個聖人去與人講學，人見聖人來，都怕走了，如何講得行？須做個愚夫愚婦，方可與人講學。」「人皆可以為堯、舜」在宋代理學中還只是個虛懸之境，直到陽明改變了「行

道」方向，這句話才取得現實性的社會意涵。[43]

　　而王陽明之後的明、清儒者們是否基本上已經放棄「得君行道」的上行路線？余英時認為「得君行道」之不可行主要還是來自於明太祖廢掉宰相一職，實行君主專制的影響，[44] 如此一來儒家怎麼可能還有機會把政治理想的實現寄託在朝廷上。廢除宰相一職使得明、清儒者逐步將注意力轉移到民間社會上，且開出經世致用的精神；余英時甚至認為：「明清儒學中某些新傾向，恰好構成了現代儒學接受西方觀念的誘因。」[45] 而由個人為始推擴到國家的權利思想，是可以與西方思想有所接軌。[46]

　　換句話說，王陽明「致良知」之覺的提出，使得儒家學問的學習由「士」中解放出來，即使非讀書人的「農工商賈」都有理解讀書人所說的那套學問的可能，而這樣的可能性，可以彌補牟宗三先生提出以「良知自我坎陷」來解釋「新外王」的可能性。我認為余英時的貢獻即是透過「內聖」與「外王」點出儒家不得不重視的內在轉向。完滿了新儒家無法自圓其說，跛腳於只發展「內聖」的缺點。

結論

　　將牟宗三與余英時放在一起來看，其實就是面對知識，以追求「真理」或追求「事實」的不同路徑而已。

與其說是要跟牟宗三分手，不如說我其實想透過余英時闡述知識的觀點，讓新儒家的論點能更全面的去反思。

最後，我自我期許能在明瞭新儒家有其不得不「內在轉向」後，思索如何讓儒家學說有新的翻轉推廣動力。我不甘於儒學僅在思想上討論，在儒學的「經世」上，是我所致力的。

進階閱讀推薦書單

1. 余英時，2005/2，《現代儒學的回顧與展望》，北京：三聯書局，1版2刷。

2. 余英時，2018年11月，《余英時回憶錄》，允晨文化。

3. 余英時，2004年7月，《宋明理學與政治文化》，允晨文化。

4. 楊永漢主編，2018年7月，《紀念牟宗三先生逝世二十周年國際學術研討會論文集》，萬卷樓圖書公司。

5. 牟宗三，1987年6月，《智的直覺與中國哲學》，臺灣商務書局，四版。

---

25. 林安梧，《牟宗三前後——當代新儒家哲學思想史論》，臺灣學生書局，2011年9月，初版，頁140-145。

26. 楊祖漢，〈牟宗三先生的哲學〉，《紀念牟宗三先生逝世二十周年國際學術研討會論文集》，萬卷樓圖書公司，2018年7月，頁10。

27. 兩者最大的差別，安樂哲用亞里士多德與孔子在論語中的觀點，來進行差異的說明：亞氏的個人主義觀點可以被描述，分析與評估 (described, analyzed and evaluated)，但儒家角色倫理卻不會，也無法這麼做。原文：" The virtues characteristic of the excellent individual inhere in him, and can be described, analyzed and evaluated without specifying any role or relationship to or with others, which Confucians would never do, and they can only be

thought to do so by presupposing that they have more or less the same notion of human beings as individuals that Aristotle does." Henry Rosemont Jr. & Roger T. Ames,Confucian Role Ethics：A Moral Vision for the 21st Century? 國立臺灣大學出版中心,2016/07/15,p.112.

28. 原　文：" it embodies first, a specific vision of human beings as relational persons constituted by the roles they live, rather than as individual selves." Henry Rosemont Jr. & Roger T. Ames, Confucian Role Ethics：A Moral Vision for the 21st Century? 國立臺灣大學出版中心,2016/07/15,p.109.

29. 牟宗三，《智的直覺與中國哲學》，臺灣商務書局，1987 年 6 月，四版，頁 163。

30. 牟宗三，《智的直覺與中國哲學》，臺灣商務書局，1987 年 6 月，四版，頁 184。

31. 牟宗三，《智的直覺與中國哲學》，臺灣商務書局，1987 年 6 月，四版，頁 186。

32. 牟宗三，《智的直覺與中國哲學》，臺灣商務書局，1987 年 6 月，四版，頁 186。

33. 牟宗三，《智的直覺與中國哲學》，臺灣商務書局，1987 年 6 月，四版，頁 200-202。

34.https://zh.wikipedia.org/wiki/%E4%BD%99%E8%8B%B1%E6%99%82

35. 余英時，《現代儒學論》，八方文化，1996 年 9 月，頁 62。

36. 余英時，《現代儒學論》，八方文化，1996 年 9 月，頁 160。

37. 余英時，《現代儒學論》，八方文化，1996 年 9 月，頁 160-162。

38. 余英時，《朱熹的歷史世界（上）－宋代士大夫政治文化》，允晨文化，2003 年，6 月，頁 29。

39. 余英時，《余英時回憶錄》，允晨文化，2018 年 11 月，頁 105。

40. 余英時，《余英時回憶錄》，允晨文化，2018 年 11 月，頁 114-115。1959 年 5 月 6 日前先生再給我的信中說：「年前張君勱、唐君毅等四人聯名作〈中國文化宣言書〉，邀穆聯署，穆即拒之，曾有一函至張君，此函曾刊載於香港之《再生》。穆向不喜此等作法，恐在學術界引起無謂之壁壘。」

41. 余英時，《余英時回憶錄》，允晨文化，2018 年 11 月，頁 116。

42. 余英時，《現代儒學論》，八方文化，1996 年 9 月，頁 163-164。

43. 余英時，《宋明理學與政治文化》，頁 309-310。

44. 余英時，《現代儒學的回顧與展望》（北京：三聯書局，2005/2，1 版 2 刷），頁 171-175。

45. 余英時，《現代儒學的回顧與展望》，頁 169。而晚清思想基調的改變可由三方面窺見：(1) 明代民間社會的組織興起。如：陳龍正、方孝孺、蕭公權羅汝芳等等，將目光放在民間社會的鄉約制度上，期望藉由書院、宗族自治的民間團體做到移風易俗的效果；(2) 富民論的發展。如：康有為、譚嗣同、張炳麟等等，發揮儒家思想中「不患貧而患

不均」的精神，主張「藏富於民」。這時的儒者已經不再期望朝廷有積極的作為，而是要求政府不對民間致富進行干擾，而這觀念有助於儒家對西方經濟觀念的接受。(3) 新公私觀的出現，「私」的觀念漸起，余英時認為：「王陽明的心學以『良知』為人人所具有，從某個意義上說，這是把『天理』個人化，也就是『私』化了。而個人化的『良知』可以引申為重視個人生命的觀念，加強個人尊嚴的效果理論。如果我們把『私』解釋為『個體』而非『私欲』，把『心』解釋為『良知』而非與『道心』相對的『人心』，如此與陽明的良知理論是可以相通的。」此三點皆顯示著「菁英儒學」內部關注問題點的轉向。此段參閱余英時，《現代儒學的回顧與展望》，頁 156-157。

46. 余英時，《現代儒學的回顧與展望》，頁 145-166。

VIEW ⑧⑥
給哲學家的分手信

作　　者——哲學新媒體
主　　編——李國祥
企　　畫——吳儒芳
總 編 輯——胡金倫
董 事 長——趙政岷
出 版 者——時報文化出版企業股份有限公司
108019 臺北市和平西路三段二四〇號三樓
發行專線：02-2306-6842
讀者服務專線：0800-231-705・02-2304-7103
讀者服務傳真：02-2304-6858
郵撥：19344724 時報文化出版公司
信箱：10899 臺北華江橋郵局第九九信箱
時報悅讀網—— http://www.readingtimes.com.tw
電子郵件信箱—— genre@readingtimes.com.tw
法律顧問——理律法律事務所 陳長文律師、李念祖律師
印　　刷——紘億印刷股份有限公司
初版一刷—— 2020 年 9 月 18 日
定　　價——新臺幣 300 元

時報文化出版公司成立於一九七五年，並於一九九九年股票上櫃公開發行，於二〇〇八年脫離中時集團非屬旺中，以「尊重智慧與創意的文化事業」為信念。

給哲學家的分手信 / 哲學新媒體著 . -- 初版 .
-- 臺北市 : 時報文化 , 2020.09
　面；　公分 . -- (VIEW ; 86)
ISBN 978-957-13-8366-8(平裝)

1. 哲學 2. 文集

107　　　　　　　　　　　　　　109013398